AF237215

Prototyp Kirche

Statt: Wird schon schiefgehen

Autor

Pfarrer M Th Andreas Gripentrog
Jahrgang 1957, ist nach seinem Theologiestudium in Basel
seit 1980 Pfarrer der evangelischen Kirche in Österreich und
seit 1991 in der Toleranzgemeinde Schladming tätig. Das ist
eine der traditionsreichen Pfarrgemeinden, die sich nach zwei
Jahrhunderten Geheimprotestantismus gleich nach dem To-
leranzpatent Josephs II. 1781 neu gebildet haben. Ein Arbeits-
schwerpunkt in der Schladminger Tochtergemeinde Rad-
stadt-Altenmarkt hat zu einer besonderen Beschäftigung mit
Fragen der Gemeindeentwicklung unter Diasporabedingun-
gen geführt.

Gewidmet
meiner first Lady Christiane und den „Damen des Herrn",
meinen mich geduldig ertragenden Gemeinden

Prototyp Kirche

Statt: Wird schon schiefgehen

Andreas Gripentrog

Impressum:

Umschlaggrafik: Alexander Gripentrog

© 2020 Gripentrog, Andreas

Herstellung und Verlag:
BoD - Books on Demand, Norderstedt

ISBN: 9783752661064

Anliegen

Martin Luther behauptete in seinen Schmalkaldischen Artikeln 1538 von der Kirche: „Es weiß gottlob ein Kind von sieben Jahren, was die Kirche sei, nämlich die heiligen Gläubigen und die Schäflein, die ihres Hirten Stimme hören." Die Antwort auf die Frage nach dem Wesen der Kirche ist also ganz einfach, eigentlich kinderleicht und darum auch nicht schwer zu vermitteln. Wenn der Reformator sich da mal nicht getäuscht hat! „Was die Kirche sei," ist heute überhaupt nicht mehr klar, sondern in Theorie und Praxis höchst umstritten. Dieses Buch will nicht eine zusätzliche zu den mittlerweile zahllosen Antworten auf die Frage nach der Identität der Kirche hinzufügen, die jede christliche Gemeinde selber gibt und ist. Vielmehr soll gegen alle Verzettelung die lutherische Kinderleichtigkeit des Weidens von Gottes Herde neu zur Sprache gebracht und begründet werden. Also alles eigentlich ganz easy, aber nur weil es den Prototyp gibt.

„Wichtig ist nur,
dass ich bis zum Schluss den Auftrag erfülle,
den mir Jesus, der Herr, übertragen hat."
Apg. 20,24 (GNÜ)

Inhaltsverzeichnis

II

Vorwort

Was meinte der Baumeister beim Baubeginn für den Turm von Pisa? „Wird schon schiefgehen!" Die Ironie dieser Redewendung findet im geneigten Wahrzeichen der italienischen Provinzhauptstadt weithin sichtbaren Ausdruck. Und ausgesagt wird eigentlich das Gegenteil dessen, was formuliert ist, nämlich dass etwas gerade nicht schiefgehen, sondern gutgehen möge. Moderne Kirchenentwicklung ist oft ebenfalls von dieser Hoffnung getragen, aber auch von dem dazugehörenden mulmigen Gefühl der Ungewissheit: Tun wir das Richtige, und tun wir es richtig?

Macht man sich einmal die Mühe, die verschiedenen Gemeindeentwicklungsmodelle zu überblicken, dann kommen einem viele dieser Versuche vor wie Bauspiele, deren Einsturz zwar mit viel Mühe, letztlich aber vergeblich versucht wird zu verhindern. Das wiederum ist zu vergleichen mit der Mangelverwaltung einer Konkursmasse. Durchaus ernsthaft wird zwar versucht, die Kirche so weit und so gut wie möglich „nach oben zu bauen" und dadurch vorwärts zu bringen, aber ohne klare Strategie. Sogar ganz bewusst versagt man sich, was man für einen „Hochbau" eigentlich dringend braucht, nämlich ein Konzept. Angefangen wird nicht etwa beim Auftrag oder bei einem Plan, sondern bei der Talfahrt, vor allem der der Zahlen. Christliche Gemeinden analysieren ihre Situation und kontrollieren den Bestand ihrer Ressourcen. Sie formulieren dann sogar Visionen und Leitbilder. Aber ausgerechnet dabei gerät komischer Weise das biblische Ur- und Ausgangsmodell immer mehr aus dem Blickfeld. „Der Prototyp Kirche" spielt keine Rolle mehr. Das Original der Kirche wird lediglich als exemplarischer Fall verstanden. Fix davon für die Gemeindeentwicklung Vorgegebenes, Bestimmtes, bereits Entworfenes erscheint nicht mehr zeitgemäß. Da heißt es

9

dann: Jede Gemeindelage hat ihre eigene Gemengelage, die nicht eine uniforme, sondern eine spezifische Behandlung erfordert. Dabei wäre meiner Meinung nach genau am Original im Neuen Testament Maß zu nehmen nicht nur für die Werte und Inhalte des Gemeindeaufbaus, sondern auch für seine Struktur. Sonst wird Gemeindeaufbau probiert, bis er kollabiert. Bis dahin ist es ein Erfolg, wenn alles gerade noch nicht zusammengebrochen ist. Und „Schiefbau" begegnet einem eigentlich überall: Bei der organisatorischen, theologischen, geistlichen, liturgischen, homiletischen, musikalischen, universitären und natürlich auch bei der eigenen Praxis des Gemeindeaufbaus ist er zu finden. Angesichts all dieser wackeligen Kirchtürme stelle ich die These auf: *Gemeindeentwicklung kann gelingen mit einer Orientierung an Gottes Plan.* Gottes Hausbau muss nicht schiefgehen, wenn das Fundament der Gemeinde nicht länger untergraben und mit eigenen Ideen verzweifelt hektisch experimentiert wird, sondern wenn mit substantiellen Impulsen aus der Bibel konsequent Gottes Auftrag erfüllt wird.

Manche Anmerkung in diesem Buch fällt sehr kritisch aus und ist durchaus umstritten. Und ich bin mir dessen nicht zuletzt auch wegen Kapitel 14 natürlich bewusst. Aber ich bin auch davon überzeugt, dass Gemeindeaufbau nicht angegangen werden muss unter dem Motto: Wird schon schiefgehen! Denn Gott sei Dank gibt es Weisung von höchster Stelle. Die Bedeutung dieser Weisung ist vergleichbar mit der der Verfassung für den Staat, der des Skripts für das Theaterstück, der der Familiengeschichte für das Familientreffen. Diese Weisung neu zu beachten und zu beherzigen, ermutigt dieses Buch.

Ich bedanke mich für alle Unterstützung bei seiner Entstehung bei meiner Frau Christiane, meinem Sohn Alexander und meiner Schwester Wera.

1. Die Hütte vollkriegen und die Hucke volllügen

Bei einem kirchlichen Kurs für Lektoren: Gleich zu Beginn beim Erfahrungsaustausch wird der Reihe nach der rückläufige Gottesdienstbesuch beklagt: „Wir müssen schauen, dass wieder mehr Leute in die Kirche kommen." Es folgt ein Austausch über die Ideen und Versuche in den Gemeinden: Es gibt Krabbel-, Gospel-, Kinder-, Scater-, Sportler-, Seeker- (Suchende-), Jugend-, Familien-, Segnungs-, Heilungs-, Thomas-, Taizé-, Go-special-, Motorrad-, Berg-, Strand-, Vormittags-, 11vor11-, Abend-, 0-8-16-Gottesdienste. Wir haben ein Begrüßungs-, Moderations-, Technik-, Musik-, Küchen-, Seelsorge-, Theater-, Kinderteam. Und das Ergebnis? Trotz etlicher Highlights hält sich der Erfolg insgesamt in Grenzen. Einige dieser Gottesdienste machen sich gegenseitig Konkurrenz und vor allem viele Mitarbeitende müde.[1]

Bei einem Kongress für Gemeindeentwicklung geht es in einer Arbeitsgruppe um das Thema: Kleingruppen und Hauskreise, und es stellt sich heraus: In kreativen Gemeinden gibt es nichts, was es nicht gibt: Gesprächskreise, Leiterkreise, Mitarbeiterkreise, Gebetskreise, Männerkreise, Frauenkreise, Bibelrunden, Mutter-Kind-Gruppen, Dienstgruppen und sogar Stammtische. Schnell kommen aber auch die Probleme zur Sprache: Kleingruppen in Gemeinden sind manchmal elitär exklusiv, isoliert, funktionieren nicht. Sie benötigen qualifizierte Leiter, die nur schwer zu finden und zu motivieren sind. Hauskreise schlafen ein und sterben ab mit oder ohne Abschied. Es gibt in den Gemeinden eine bunte und gleichzeitig verwirrende, manchmal sogar erschlagende Vielfalt,

---

[1] Vgl. Jes. 47,13:
„Du hast dich müde gemacht mit der Menge deiner Pläne."

neben großer Begeisterung für große Möglichkeiten, große Schwierigkeiten genau damit.

Was sind die Gründe für diesen Zwiespalt? Wie ist damit umzugehen? Bei kirchlichen Angeboten wird mittlerweile vermehrt danach gefragt, ob das Angebot auch zur Nachfrage gepasst hat, ob also am Kunden vorbei produziert und wieder einmal auf eine Frage geantwortet wurde, die niemand gestellt hatte. Das ist die große Sorge beim Weiden der Herde Gottes geworden: Attraktive Programme finden, die ankommen. Treffende Angebote machen, die auf die Bedürfnisse der heutigen Zeit eingehen. Gerade christliche Veranstaltungen, deren Besuch sich ja schon länger nicht mehr von selbst versteht, müssen nach dem Geschmack ihrer Teilnehmer entworfen und auf ihre Zielgruppen zugeschnitten sein. Der Erfolg dabei wird an den Besucherzahlen gemessen. Gut besuchte Veranstaltungen gelten als gelungen. Schlechter Besuch weist nicht nur auf Qualitätsmängel, sondern auch auf ein unpassendes Format hin.

Das Problem dabei ist, abgesehen von der permanenten Verunsicherung, dass sich als Ausweg eigentlich nur die Anpassung an das, was gerade „in" ist, anbietet, eine Reaktion, die aber immer einen Schritt zu spät kommt und vom Zeitgeist abhängig macht. Klaus Douglass hat das Dilemma der Kirche bereits 2001 in seinem Buch „Die neue Reformation" ganz grundsätzlich als Relevanzkrise und als Identitätskrise beschrieben und so erklärt: „Die Relevanzkrise besteht darin, dass die Kirche die Menschen von heute nicht mehr erreicht. Die Identitätskrise ist die, dass letztlich niemandem deutlich ist, was die Kirche eigentlich zur Kirche macht. Beide Krisen stehen in Wechselwirkung miteinander. Je stärker man versucht, der einen Krise zu entkommen, umso sicherer gerät man in die Fänge der jeweils anderen. Das bedeutet: Je mehr die Kirche versucht, in den Problemen der Gegenwart relevant zu werden, um so tiefer gerät sie in eine Krise ihrer eigenen christlichen Identität. Je mehr sie hingegen auf ihrer eigenen Identität beharrt, desto irrelevanter und unglaubwürdiger erscheint sie in unserer Zeit. Die Kirche steht offensichtlich vor der unglücklichen Wahl, entweder den Kontakt zu ihrem Ursprung oder den zu den Menschen zu verlieren."[2] In diesem Dilemma ist die Kirche insbesondere in ihrer volkskirchlichen Struktur zur Phantomkirche geworden. Ihre Zahlen stimmen überhaupt nicht mehr. Sie sind wie Mondpreise. Eigentlich muss man sie immer durch 10 teilen: Von der „Seelenzahl" einer landeskirchlichen Gemeinde kommen im günstigsten Fall 10 Prozent zum Gottesdienst. Von diesen 10 Prozent engagieren sich 10 Prozent als Mitarbeitende. Davon sind schließlich 10 Prozent, also insgesamt 1 Promille von der Art, dass man mit ihnen „Pferde stehlen" kann. Bei einer Seelenzahl von 1000 ist das genau eine Person!

Dieses Buch versucht mit der Beschreibung des Prototyps Kirche, einen Ausweg aus diesem Dilemma zu zeigen. Mancher Gedanke dazu wird ungewöhnlich und mancher Vorschlag unkonventionell sein z. B. der strenge Rat: Statt für/pro viel sein, Profil haben. Die größte Überraschung ist aber wohl die Behauptung eines „Patentrezeptes" für das Weiden der Herde Gottes.[3] Das ist kein Witz, sondern durchaus ernstgemeint und richtet sich gegen die Vergleichgültigung biblischer Gemeindewachstumsprinzipien. Weil es mir in diesem Buch um den Prototyp Kirche geht, unterscheide ich auch

---

[2] K. Douglass: Die neue Reformation 96 Thesen zur Zukunft der Kirche, Stuttgart 2001 S. 18-22
[3] Statt „Gemeindeaufbau" verwende ich wegen der Möglichkeit eines technokratischen Missverständnisses eher den Begriff „Gemeindeentwicklung"
oder metaphorisch die Formulierung „Weiden der Herde Gottes."
Gemeinde sich entwickeln lassen und aktiv entwickeln gehört aber zusammen. Vgl. K. Eickhoff: Gemeinde entwickeln, Göttingen 1992

nicht prinzipiell zwischen konfessionell und historisch natürlich unterschiedlichen Kirchen, sondern lege gut ökumenisch
allen den biblischen Prototyp zugrunde. Rick Warren schreibt
in seinem Buch „Kirche mit Vision": Es sind zwar „alle möglichen Arten von Gemeinden notwendig, um alle möglichen
Arten von Menschen zu erreichen,"[4] aber die Strategie dafür
betrachtet er als biblisch vorgegeben. Wenn das nicht klar ist,
werden die Prinzipien des Gemeindeaufbaus verwechselt mit
den variablen Methoden ihrer Umsetzung. Vorgestellt wird
hier ein befreiendes, weil leistbares und gleichzeitig be-
schränkendes, weil aussortierendes Konzept, das nicht nur
eine To-do-Liste, sondern auch eine Don´t-do-Liste hervorbringt mit vielleicht einer Menge guter Ideen, die alle auch
nicht aufgenommen werden, weil sie schlicht außerhalb des
Fokus liegen.

Ans Herz gelegt werden soll ein prototypischer Kirchenplan
mit nicht mehr und nicht weniger als exakt fünf Aufgaben.
Diese Mandate werden ausführlich begründet und mit anderen „Quintetten" bildlich veranschaulicht. Dadurch sollen die
Funktionen der fünf Komponenten und ihre innere Zusammengehörigkeit deutlich werden. Auf der Grundlage dieses
fünfteiligen Programmpaketes kann die Anbiederung an den
Zeitgeist und verzweifeltes Experimentieren beim Weiden
der Herde Gottes ebenso vermieden werden wie die Abschottung von der „bösen" Welt im Rückzug auf eine Insel der Se-
ligen, wo Innovation ausgeschlossen ist so nach dem Motto:
„Wie es war im Anfang jetzt und immerdar."

---

[4] R. Warren: Kirche mit Vision Gemeinde, die den Auftrag Gottes lebt,
Asslar 1998 S. 62
Vieles in diesem Buch ist eine relecture seines Bestsellers.
Wie Warren verwende ich die Begriffe „Kirche" und „Gemeinde"
als gegenseitig füreinander offene Containerbegriffe.

Nicht modernistisch adaptiert, nicht technokratisch ökonomisiert, nicht amerikanisch abkopiert, sondern einfach nur gut soll sie sein die Gemeindeentwicklung. Und klar muss sie werden. Gegen eine sich ausbreitende Begriffsverwirrung sollen die Grundbegriffe und Kernworte der Gemeindeentwicklung neu verständlich gemacht werden. Die Klärung von Missverständnissen und Verwechslungen soll Ermüdete ermutigen, sich nicht zurückzuziehen, sondern trotzdem weiter mitzuarbeiten und statt jetzt erst mal an sich selbst zu denken, jetzt erst recht Gemeinde Jesu zu leben und statt einem Schief- und Wackelbau den Prototyp Kirche als Hoffnung für die Welt zu präsentieren.

2. Am selben Strang ziehen,
aber nicht in die gleiche Richtung

Bei jedem Bau ist das Fundament mit besonderer Sorgfalt zu behandeln. Die Belastbarkeit des Unterbaus ist genau zu beachten. Für den Gemeindeaufbau bedeutet das die Frage: Wie gut ist die kirchliche Unterlage? Was trägt Gemeinden? Jede christliche Gemeinde wird von etwas bestimmt. Und um zu erkennen, in welche Richtung sie bewegt gehört, muss ihr klar werden, aus welcher sie kommt. Treibende Kräfte funktionieren wie Filter, die die Programme einer Gemeinde sortieren, oder wie Brillen, durch die alle Aktivitäten betrachtet werden. Treibende Kräfte können bewusst oder unbewusst wirken gelassen werden. Jedenfalls bewegen sie Gemeinden in unterschiedliche Richtungen, und das birgt Konfliktpotential. Darum beginnt eine zukunftsweisende Standortbestimmung mit der Analyse dieser Ausgangspunkte. Rick Warren reflektiert, wovon Gemeinden geprägt sein können und macht dabei zunächst die treibenden Kräfte aus, die Gemeinden von ihrer eigentlichen Bestimmung abhalten:[5]

Gemeinden können von *Traditionen* bestimmt sein. Und diese meist lange schon andauernde Prägung hat sie konservativ werden lassen. Solche Gemeinden wollen am liebsten das Vergangene immer weiter fortsetzen und sind darum skeptisch gegenüber jeder Veränderung. Ihnen sind stabile Verhältnisse wichtig. Ihr Motto lautet: „Das haben wir schon immer so gemacht."

Gemeinden können von *Schlüsselfiguren* bestimmt sein. Wenn zum Beispiel Leitende als prägende Persönlichkeiten Gemeinden ihren Stempel aufgedrückt haben, ist dadurch unter Umständen eine große Unselbständigkeit entstanden, die

---

[5] Warren a.a.O. S. 79ff

Probleme bereitet, wenn diese Gallionsfiguren abgetreten sind.

Gemeinden können von *Finanzen* bestimmt sein. Bei reichlich verfügbaren genauso wie bei knappen Mitteln geht es dann immer zuerst um die Frage: Was kostet das? Budgetdisziplin und Sparsamkeit stehen über Großzügigkeit und Investitionsbereitschaft. Weil die Geldfrage aber immer auch eine Glaubensfrage ist, darum zeigt der Haushaltsplan einer Gemeinde, inwieweit sie willens und fähig ist, Gott auch in materiellen Dingen zu vertrauen.

Gemeinden können von *Gebäuden* bestimmt sein. Oder genauer gesagt von den beim Bauen gemachten Schulden und der mitunter unterschätzten Instandhaltung. Manche kirchliche Bauten wirken wie Denkmäler für „Pfarrherren", die als mehr oder weniger „weise Baumeister" den Gemeindeaufbau zuerst räumlich und plastisch aufgefasst haben, dabei aber die Balance zwischen Bauen nach Bedarf und Bauen in der Hoffnung, Räume auch füllen zu können, nicht immer gefunden haben.

Gemeinden können von *Aktionen* bestimmt sein. Und solche Gemeinden stehen nie still, weil immer was läuft. Ihr wichtigstes Werkzeug ist der Terminkalender und das Qualitätskriterium ist die Teilnahme an den Veranstaltungen. Hat etwas stattgefunden, kommt gleich das Nächste. Es wird kaum innegehalten und nachbesprochen. An jedem Abend ist ja etwas los. Alle Mitarbeitenden sind immer auf Trab. Von Aktionen bestimmte Gemeinden sind atemlose Gemeinden, die den Unterschied zwischen Aktivität und Produktivität aus den Augen verloren haben, wenig beten, und die wegen des hohen Aufwandes auch einen hohen Verschleiß an Mitarbeitenden haben.

Gemeinden können vom *Parochialzwang und Abdeckwahn* bestimmt sein. In ihm meinen sie, in einen Pfarrbezirk unbedingt flächendeckend tätig sein sowie sämtliche Altersgruppen möglichst lückenlos bedienen zu müssen. Abgesehen davon, dass das nirgends in der Bibel steht, ist solche Vollständigkeit mittlerweile selbst beim besten Willen nicht mehr zu schaffen, überfordert die Mitarbeitenden permanent, macht ihnen dazu ein schlechtes Gewissen und bremst notwendige Regionalisierungsprozesse sowie mögliche Synergieeffekte. Die neutestamentlichen Gemeinden waren nicht parochial gleichförmig nebeneinander aufgefädelt, sondern aufbauend auf dem Basisprogramm pointiert typisiert zum Beispiel als jesuanische Jüngergemeinde, jerusalemische Muttergemeinde, antiochenische Missionsgemeinde, paulinische Evangeliumsgemeinde oder auch als johanneische Haus- und Wanderpredigergemeinde. Sie hatten ihr Pflichtprogramm aber auch ein spezielles Kürprogramm, und sie waren generationenübergreifend ausgerichtet.

Gemeinden können von *Selbstzweifeln* bestimmt sein. Diese Gemeinden wünschen sich sehnlichst, bei allen gut anzukommen, vor allem bei denen, die noch nicht oder nicht mehr dazu gehören. Den „Außenstehenden", die sehr empfindlich sind, wollen sie es unbedingt leicht und recht machen. Mit ihnen darf man es sich unter keinen Umständen durch Gedankenlosigkeit verscherzen. Dadurch verlieren solche Gemeinden den Mut zur Lücke und geraten leicht in Konkurrenz zu anderen Anbietern und fühlen sich dadurch gezwungen, exzellent zu sein. Sie meinen dann, Dinge tun zu müssen, die sie selber gar nicht können, und die andere, zum Beispiel die örtlichen Vereine, meistens besser können. Die Gefahr ist groß, vor lauter Rücksicht, hart an der Grenze der Anbiederung, sich selbst zu vergessen, das eigene Talent zu vergraben, die maßgeschneiderte Aufgabe liegen zu lassen, und dadurch gerade die Menschen zu verlieren, die einem am meisten am Herzen liegen.

An diesen Schlagseiten vieler Gemeinden zeigt sich, dass Vielfalt auch verwirrend sein kann, und dass am selben Strang für Jesus ziehen nicht automatisch Klarheit und Einheit bei der Zielrichtung der Gemeindeentwicklung bedeutet. Wenn in einer Gemeinde eine neue Ära eingeläutet werden soll, ist darum nicht nur die Gegenwart, der Istzustand, zu analysieren und in einem Brainstorming gleich auch von der Zukunft zu träumen, sondern es sind erst einmal die nachwirkenden Kräfte der Vergangenheit gründlich zu untersuchen und aufzuarbeiten. Sonst kochen in der Gemeinde plötzlich zu viele selbstberufene Köche nebeneinander ihr Süppchen und merken gar nicht, dass sie dabei oft nur sich selbst verwirklichen, den „Brei" dadurch aber gerade verderben. Die Absicht ist gut: Natürlich soll miteinander Gemeinde gebaut werden. Konkurrenz soll es nicht geben. Aber dann hat man doch nur Augen für die eigenen Initiativen, und tatsächlich wird nebeneinander gearbeitet. Denn „gemeinsam" kann Verschiedenes bedeuten. An zwei Arten von Blumenwiesen lässt sich das verdeutlichen:

Man stelle sich einmal eine Gartenschau vor mit vielen verschiedenen, nebeneinander angepflanzten Blumenbeeten zum Beispiel mit einem Beet Tulpen neben einem Beet Lilien und gleich noch einem mit Rosen. Insgesamt ist das dann eine bunte Vielfalt. Aber diese ist als Ensemble von Monokulturen angelegt, die lediglich dadurch miteinander verbunden sind, dass sie aneinander angrenzen. Viel schöner, prototypischer, wären doch wohl verschiedene Blumen wie zum Beispiel Kornblumen, Arnika, Vergissmeinnicht, die ganz natürlich ohne eigene Beete bunt gemischt miteinander, allerdings auf *einer* großen Almwiese wachsen. Und wenn die Almwiese in dem Fall die Gemeinde symbolisiert, dann brauchen Gemeinden zum Beispiel Gottesdienste nicht als lauter extra Monokulturen, sondern, weil sie eine Familie sind, ein zentrales

Familientreffen. Sie brauchen nicht die Einheit in der Vielfalt, sondern die Vielfalt in der Einheit. Das ist ein feiner aber bedeutender Unterschied. Ein starker Einfluss des Prototyps Kirche verhilft, ihn zu erkennen und im Auge zu behalten.

3. Prototyp Kirche?

Gemeindeentwicklung benötigt Vorsicht und Fingerspitzen-
gefühl, damit die Gemeinde nicht ruiniert wird. Beim Weiden
der Herde Gottes sind deshalb neue Schritte weise und behutsam zu setzen und sicher verbunden mit viel Überzeugungs-
arbeit. Wer aufbrechen will in ein neues Land, muss, wenn er
nicht allein unterwegs sein will, schauen, dass andere mit-
kommen, sowohl mit ihrem Gang, als auch mit Herz und
Kopf. Es muss allen Beteiligten klar sein, warum es nicht gut
ist, hier zu bleiben, warum es notwendig ist, woanders hinzu-
kommen, und wie es dahin zu schaffen ist. Man kann Gemeinde nämlich überhastet statt „grow up", aufbauen, „blow
up", in die Luft jagen. Und wenn wir jetzt nicht nur fragen,
wovon Gemeinden bestimmt sein können, sondern auch wovon sie bestimmt sein sollen, dann befinden wir uns mit dieser
Frage an einem Scheideweg. Wir müssen entscheiden, wie es
gehen soll, welchen Autoritäten wir folgen, und welchen An-
sprüchen wir genügen wollen. Wir können nicht alles machen. Versuch und Irrtum werden uns zwar den ganzen Weg
über begleiten, aber wir probieren nicht aus Prinzip, sondern
weil Gott für die Umsetzung seines Plans meistens nicht mehr
als den nächsten Schritt zeigt. Trotzdem müssen wir wissen,
was wir tun, und begründen können, warum wir es tun. Was
Gott für das Weiden seiner Herde verheißt, nehmen wir ernst
und halten wir fest. Nicht, was wir uns ausdenken, sondern,
was er vorgibt, hat Zukunft und Bestand. „Im Herzen sind
viele Pläne, aber zustande kommt, Bestand hat der Rat-
schluss, das Konzept des Herrn."[6]
Wir stehen also letztlich vor der Wahl zwischen einer kraft-
losen, sinnleeren, sauschweren oder einer verheißungsvollen

---

[6] Spr. 19,21

Gemeindeentwicklung. Diese Entscheidung bestimmt, wie es mit der Kirche weitergeht. Aber wenn schon der wirksame Einsatz eines Werkzeuges von seinem funktionsgemäßen Gebrauch abhängt, dann kann es ja auch beim Weiden der Herde Gottes nur darum gehen, Gemeinden nicht länger von allem Möglichen, sondern endlich von dem bestimmt sein zu lassen, was ihr Auftrag ist und damit von dem, der den Auftrag gibt. Gemeinden müssen vom Auftrag Jesu bestimmt sein. Dann gilt auch wieder die Bestandsgarantie Jesu: ... „auf diesen Felsen will ich meine Gemeinde bauen, und die Pforten der Hölle sollen sie nicht überwältigen."[7]

Bevor wir uns aber auf die Entdeckungsreise zu diesem Auftrag begeben, sind zuerst noch einige kritische Fragen zu hören und zu beantworten. Zum Beispiel:

Ist der Auftrag Jesu nicht *selbstverständlich?* Es kann doch immer nur darum gehen, den Missionsbefehl von Jesus (Mt. 28,18-20) zu erfüllen? Aber überlegen wir einmal: Wären auch nur ein paar Christen aus verschiedenen Gemeinden spontan in der Lage, sich innerhalb von ein paar Minuten so auf diesen Auftrag zu verständigen, dass sie in 30 Sekunden eine gemeinsame, präzise und vollständige Erklärung dazu abgegeben und eine konkrete missionarische Aktion starten könnten? Eher bekämen sie sich wohl über ihren unterschiedlichen Auffassungen in die Haare zum Beispiel auch bei der Frage:

Wird nicht in Gemeinden, die nach ihrer Funktion fragen, Unverfügbarkeit durch *Machbarkeit,* Frucht durch Erfolg und Qualität durch Quantität ersetzt? Diese Frage geht jedoch von einem falschen Gegensatz aus und reißt auseinander, was zusammengehört. Qualität ist attraktiv und zieht darum häufig Quantität nach sich. Umgekehrt kann aber auch Quantität

---

[7] Mt. 16,18

Qualität bewirken zum Beispiel atmosphärische Qualität: Als großer Chor gemeinsam ein Lied zu singen, ist sicher viel schöner als unterbesetzt dabei zu „schwimmen." Und keine Gemeinde wird wachsen, wenn sie nicht etwas anzubieten hat, das sonst nirgendwo zu bekommen ist. Gott wird seinen Beitrag zum Gemeindewachstum leisten, wenn die Gemeinde ihren leistet.[8]

Doch ist es nicht einfach viel zu *schematisch,* Gemeindeaktivitäten streng nur um ihre biblischen Funktionen herum zu entwerfen? Bleiben da nicht viele vorhandene Ressourcen und Möglichkeiten ungenutzt? Und vor allem: Werden da nicht auch viele Menschen ausgeschlossen? Dazu ist zu sagen: Die Erfahrung zeigt, dass Konzentration und Ausschließlichkeit wegen ihrer Klarheit Menschen eher anziehen. Nicht strenge Verbindlichkeit an sich, sondern die Art und Weise, wie sie manchmal eingefordert wird, schreckt ab.[9]

Und jedes Konzept bedeutet eine gewisse Engführung. Die Gemeinde Jesu lässt sich überhaupt nur über eine Grenze, nämlich die zwischen „drinnen" und „draußen" sammeln. Wenn es keinen Unterschied mehr gibt zwischen „schon dabei" und „nicht dabei", wenn also sowieso alle zum allerdings dadurch nur unsichtbar denkbaren „Leib Christi" dazugehören, dann gibt es auch kein sinnvolles Einladen mehr in die Gemeinde. Die Anordnung der Aufgaben ausschließlich um den Auftrag Jesu ist aber gerade keine strangulierende Engführung. Es entsteht dadurch ein Drehmoment, das einen „Selbstläufer" erzeugt, ein geistliches „perpetuum mobile" anstößt und einen dynamischen Kreislauf in Bewegung setzt.[10] Sein Ende ist immer gleichzeitig ein neuer Anfang.

---

[8] Warren a.a.O. S. 53f
[9] Ebd. S. 56f
[10] Siehe Kap. 5 S. 34

Das System dreht sich immer weiter und zieht immer mehr Menschen in seinen Sog hinein. Potential verpufft nicht, sondern wird potenziert. Es wird gefördert, was für die Weiterbewegung erforderlich ist.

Bedenken geistlicher Natur äußern sich in der bangen Frage: Birgt das Ideal einer strategischen Gemeindeentwicklung wegen der Orientierung am Erfolg und wegen einer sich ständig verändernden Welt nicht die Gefahr, *Kompromisse* bei den eigenen Werten und Zugeständnisse an den modernen Menschen zu machen? Hier gilt: Die Spannung zwischen der Treue zu Gottes Wort und der Treue zu den Menschen kann nie aufgehoben, sondern muss ständig überprüft und ausgehalten werden. Die Infektionsgefahr und die Isolationsgefahr in einer „bösen Welt" sind beide gleich groß. Darum am besten an Jesus orientieren: Er hat nie seine Maßstäbe herabgesetzt, aber er hat die Menschen immer dort abgeholt, wo sie waren.[11] Zu den geistlichen Einwänden gehört dann noch die Frage:

Reichen für ein gesegnetes Weiden der Herde Gottes *Gebet und Hingabe an Gott* nicht völlig aus? Beides ist zwar für Mitarbeitende unerlässlich, aber selbst die geistlichsten Instrumente können Gemeindewachstum nicht garantieren. Die Verantwortung dafür kann niemals ganz übernommen, kann aber auch niemals ganz abgegeben werden. Ein gebetsloser Dienst ist kein wirksamer Dienst, sondern ein kraftloser Dienst.[12] Aber ein wirksamer Dienst ist immer auch ein kluger Dienst, für den Fertigkeiten erworben und Werkzeuge geschliffen werden. Wieder darf nicht getrennt werden, was zusammengehört. Gott könnte auch alles allein machen, aber er will es offensichtlich nicht. Darum Gott wirken lassen, aber

---

[11] Warren a.a.O. S. 58
[12] Ebd. S. 60

selbst auch 100 Prozent geben. Gott „macht", wenn seine Leute sich aufmachen. Bedenken können dabei behindern. Natürlich ist ernsthaft zu fragen: Hält das Gewagte? Wirkt das Geplante? Trägt das Versuchte? Aber je ungewisser der Plan desto zittriger die Hand. Schiefe Wackeltürme sind die Folge. Die Orientierung an einem klaren Auftrag für die Gemeinde- entwicklung könnte hingegen Gewissheit vermitteln, die mit ruhiger Hand das Gebotene tun und den Prototyp Kirche sich vervielfältigen ließe.

4. Prototyp Kirche! Auftragsgemäß

Wie kann der Prototyp Kirche serienreif bei uns werden? Was muss geschehen, dass statt Exitus, Untergang, in unseren Gemeinden Exodus, Auszug stattfindet? Aufbruch gelingt am besten durch einen Auftrag. Darum sind Gemeinden auftragsgemäß zu entwickeln. Sie müssen wissen, wofür sie da sind, sonst haben sie kein Fundament, keine Motivation und keine Richtung für ihren Dienst.[13] Immer wieder neu definiert, formuliert, memoriert, variiert, organisiert aber auch zelebriert gehört der Auftrag, damit er in den Köpfen aller Mitarbeitenden verankert ist und bleibt. Er klebt nämlich nicht und verrutscht gern. Aber nichts wird einer frustrierten Gemeinde mehr neue Energie geben als die Wiederentdeckung ihres Auftrages.[14] Ein klarer Auftrag hat viele Vorteile: Er *hebt die Moral* der Mitarbeitenden und verringert ihre Frustration. Er bestimmt nicht nur, was zu tun ist, sondern auch, was gelassen werden kann. Er fördert also nicht nur, die Dinge effizient, richtig zu tun, sondern auch, effektiv die richtigen Dinge zu tun. So ist er eine entscheidende *Hilfe bei der Konzentration* auf das Wesentliche.[15] Ein klarer Auftrag macht aus einer unentschlossenen und instabilen Gemeinde, eine, die weiß, was sie soll, und die dadurch auch weiß, was sie will. Weil ihre Hauptsache ist, dass die Hauptsache die Hauptsache bleibt, fügt sie nicht ständig neue Veranstaltungen und Termine ihrem Programm hinzu, sondern befragt alle Gemeindeaktivitäten immer zuerst daraufhin, ob sie mit dem Gesamtauftrag zu vereinbaren sind. Das führt und hilft dann auch zu einer

---

[13] Warren a.a.O. S. 83
[14] Ebd.
[15] Ebd. S. 86ff

26

präzisen *Auswertung* der Arbeit. Das Beste aber an einer auf-tragsgemäßen Gemeindeentwicklung ist schließlich, dass sie automatisch *Mitarbeitende anziehen* kann. Der Traum eines jeden Menschen, bei etwas Wichtigem dabei zu sein und zu etwas Großem dazuzugehören, wird wahr. Worum es sich bei dem Auftrag Gottes genau handelt, muss Gott sei Dank nicht erst mühsam gesucht werden. Es darf entdeckt werden[16] als Bestimmung für jedes Menschenleben und für das Gemein-deleben. Beide Bestimmungen entsprechen also einander. Je-der Mensch will sich etwas und jemandem hingeben, will ir-gendwo dazugehören, will sich entwickeln, dann engagieren und schließlich der Welt eine Botschaft hinterlassen. Und die Gemeinde bietet genau das passende Betätigungsfeld an für das, was alle von Natur aus nötig haben: Die größte mögliche Hingabe, die an den lebendigen Gott, tiefe Gemeinschaft in Gottes Familie, nachhaltige Lebensveränderung, Mitarbeit an besonderen Hilfsprojekten und schließlich die beste aller Nachrichten zum Weitersagen.

Zu entdecken ist dieses Konzept in der Bibel zum Beispiel im Doppelgebot der Liebe, der Liebe zu Gott und der Liebe zum Mitmenschen. Konkret ausformuliert wird das Konzept als Antwort auf die Fragen: Wozu existiert unsere Gemeinde? Was sollen wir als Gemeinde sein? Was sollen wir als Ge-meinde tun, und wie sollen wir das tun? Die Antworten darauf führen zu einem Auftrag, der biblisch, spezifisch, vermittel-bar und überprüfbar ist.[17]

Der Auftrag lässt sich auf fünf Teilaufgaben reduzieren:

Eph. 1,12: „damit wir etwas seien zum Lob seiner Herrlich-keit." Aufgabe eins beruht auf der grundsätzlichen Über-

---

[16] Warren a.a.O. S. 96
[17] Ebd. S. 99

legung, dass es Menschen und Gemeinden gibt, weil Gott Freude an ihnen hat. Überhaupt gibt es doch alles nur aus diesem einen Grund. Für das Leben und das Gemeindeleben bedeutet das: *Wir leben* als Einzelne und als Gemeinde zuerst zur Freude Gottes, das heißt *zur Ehre Gottes*. Nur in dieser Ausrichtung funktioniert das ganze System. Als Konsequenz ergibt sich daraus: Wir leben diese Bezogenheit auf Gott jeden Tag, aber wir feiern unsere Beziehung mit Gott auch an einem besonderen Tag, am Sonntag, weil sie das Größte ist, was ein Mensch erfahren kann. Wir feiern zusammen mit allen, die ebenfalls darin leben. Und die Gemeinde stellt eine regelmäßige Hauptveranstaltung dafür bereit, den Gottesdienst. Ihm widmen wir die beste Zeit und *feiern mit* allen Glaubenden unsere *Gotteskindschaft*. In dieser Vollversammlung *konzentrieren* wir uns auf das, was der erste Zweck unseres Lebens ist: Auf die Anbetung Gottes. Sie schlägt sich nieder in der gottesdienstlichen Musik, die ihrerseits Ausdruck ist einer Ausrichtung des gesamten Lebens auf Gott. Wir gewinnen durch Gottes Gegenwart im Gottesdienst *Lebenskraft* und empfinden *die Stärke der Wirkung von Jesus,* die uns durch die ganze Woche trägt.

Apg. 2,42+46: „Sie blieben aber beständig in der Gemeinschaft ... hier und dort in den Häusern."

Aufgabe zwei ergibt sich aus der Größe und damit Unübersichtlichkeit einer gottesdienstlichen Vollversammlung aller Glaubenden, aber auch aus der Erkenntnis: Es gibt uns, damit Gott eine Familie hat. Darum *leben* wir *in und mit der Familie Gottes.* Und weil die Familie Gottes ewig besteht, ist sie ungeheuerlicher Weise sogar wichtiger als die eigene Herkunftsfamilie.[18] Als Kinder Gottes, wissen wir, dass wir die Familie Gottes brauchen. Eine auftragsbestimmte Gemeinde

---

[18] Vgl. Lk. 14,26

hat darum viele Kleingruppen im Angebot, in denen ihre Mitglieder Zusammengehörigkeit empfinden und ihr geistliches Leben pflegen können. Wir *integrieren* uns in einen Hauskreis und widmen ihm bewusst regelmäßig Zeit, weil wir ohne diese *Gemeinschaft* geistlich nicht überleben und nur in ihr zum Beispiel die zahlreichen Einander-Gebote Jesu wie einander lieben, dienen, ermahnen, annehmen ... auch leben können. Dadurch gewinnen wir *Lebenshilfe* und die *Würde der Zählung zu Jesus* als seine Glieder an seinem Leib.

Röm. 8,29: „die hat Gott auch vorherbestimmt, dass sie gleich sein sollten dem Bild seines Sohnes ...“

Aufgabe drei weist daraufhin, dass es uns gibt, damit Jesus uns prägt. Gottes Kinder sollen ihm ähnlich werden und seine Züge tragen. Darum *leben wir in der Nachfolge von Jesus.* Wir *gehen mit* ihm den Weg der *Jüngerschaft* und gebrauchen dafür verschiedene Formen und Kurse der Ermutigung, Zurüstung und Schulung. Dabei färbt Jesu Art auf uns ab. Wir wachsen im Glauben und werden wie Jesus. Dadurch *intensivieren* wir unsere Beziehung zu ihm und gewinnen *Lebensveränderung* als *Tiefe* der *Prägung durch Jesus.*

Eph. 2,10: „Denn wir sind sein Werk, geschaffen in Christus Jesus zu guten Werken, die Gott zuvor bereitet hat, dass wir darin wandeln sollen.“

Aufgabe vier erinnert daran: Es gibt uns, damit wir etwas bewegen. Das bedeutet die Entscheidung: *Wir leben im Dienst Gottes.* Gott hat uns begabt mit bestimmten Fähigkeiten. Und wir bringen sie ein in unserer Gemeinde. Wir *engagieren* uns in ihren Aufgabenbereichen. Dadurch *wirken wir mit in Mitarbeiterschaft* als „Dienstleister“, die Bedürftige betreuen, oder als „Zulieferer“, die bereitstellen, was in der Gemeinde gebraucht wird. Wir finden eine *Lebensaufgabe*, die die *Größe der Eignung für Jesus* anzeigt.

1. Petr. 2,9: „dass ihr verkündigen sollt die Wohltaten dessen, der euch berufen hat von der Finsternis zu seinem wunderbaren Licht."

Aufgabe fünf spitzt Aufgabe vier zu einem ganz besonderen Dienst zu: Es gibt uns, damit wir Jesus bezeugen. Das bedeutet die Priorität: *Wir leben im Missionsauftrag Gottes.* Das geschieht, wenn wir *mit* „Outsidern" unsere frohe Botschaft *teilen* und unaufdringlich *missionieren* durch einfühlsame Evangelisation. *Lebenssinn* wird dadurch gewonnen und die *Weite der Sendung von Jesus.*

Jede der fünf Arbeitsbereiche beinhaltet in der Folge eine besondere Aufgabenstellung: Für die Gemeinde: Inspirierende Gottesdienste gestalten, die Gemeinde mit ganzheitlichen Kleingruppen überziehen, weiterführende Glaubenskurse bereitstellen, Dienste organisieren, Gabentests und Mitarbeiterkreise durchführen, und evangelistische Initiativen setzen.

Für die Akteure: Regelmäßige Teilnahme am Gottesdienst, verbindlicher Besuch einer Kleingruppe, dankbare Wahrnehmung von Schulungsangeboten, grundsätzliche Einsatz-, Dienst- und Zeugnisbereitschaft.

Wenn wir die einzelnen Auftragselemente zum Schluss einmal so anordnen, dass die beiden ins Gemeindeinnere gerichteten Aufgaben zuerst, die beiden nach außen gerichteten zum Schluss kommen, und die erste Aufgabe im Zentrum dazwischen steht, dann ergibt sich bei dieser Reihenfolge von Gemeinschaft - Nachfolge - Anbetung - Dienst - Evangelisation mit den Anfangsbuchstaben das für alles geistliche und gemeindliche Wirken ausschlaggebende Wort GNADE. Nicht wir haben etwas gemacht, sondern Gott hat es geschenkt.

Darum klären wir, was wir wollen: Wir geben Gott die Ehre. Wir beten ihn an und lassen uns inspirieren. Wir besinnen uns. Dann empfangen wir, was wir brauchen: Wir pflegen geistliche Gemeinschaft. Wir investieren uns. Wir begegnen uns. Weiter entfalten wir, was wir sind: Wir vertiefen die Beziehung zu Jesus. Wir transformieren, verändern und befestigen uns. Zudem tragen wir bei, was wir können: Wir aktivieren unsere Begabungen. Wir arbeiten mit in einem Dienst. Wir betreuen andere. Schließlich geben wir weiter, was wir haben: Wir laden zum Glauben ein. Wir evangelisieren. Wir bewegen uns zu denen, die Glauben und Kirche fernstehen. Wenn man sich in der kirchlichen Landschaft umschaut, stellt man erstaunt fest, dass außer natürlich an seinem Ursprungsort in der Saddleback Church in Orange County in Kalifornien und ihren Ablegern kaum nach diesem schlichten Konzept gearbeitet wird. Viele Gemeinden sind stattdessen dem „Allotria" verfallen. Sie machen alles Mögliche. Warum auch nicht? Jede Initiative wird begrüßt, und jede Idee wird ausprobiert. Auch wenn die verschiedenen Initiativen sich gegenseitig Mitarbeitende wegnehmen, wird munter weiter experimentiert nach dem Motto: Wir wissen zwar nicht wohin, aber das mit ganzer Kraft! Früher nannte man das „wursteln", heute heißt es tiefsinnig „diversifizieren." Alle über einen Kamm zu scheren, ist ausgeschlossen. Aber unter kunterbunter pluralistischer Vielfalt fällt solchen Gemeinden die im Neuen Testament gebotene Einheit schwer. Die vielen Ziel- Projekt- und Dienstgruppen einer Gemeinde wissen manchmal gar nichts voneinander. Sie finden auch nichts dabei, unverbunden nebeneinander zu existieren, bezeichnen sie sich doch selbst als offen für alle. Bei dieser Zersplitterung findet sich auch immer weniger ein Gottesdienst als Vollversammlung aller Glaubenden, weil auch der längst gemäß den unterschiedlichen Bedürfnissen wie Zeitpräferenzen, Raumvor-lieben und Musikgeschmäckern diversifiziert wurde. Internetkommunikation über die sozialen Medien, elektronische Terminabsprachen und Privatcoaching von Mitarbeitenden haben den guten alten Mitarbeiterkreis, in dem alles für eine Gemeinde

Wichtige regelmäßig miteinander zu besprechen war, ver-
drängt. Ausschüsse und Arbeitskreise bestimmen die Arbeits-
abläufe der Gemeinden. Um nicht missverstanden zu werden:
Bedürfnisse, Zielgruppen und Ausschüsse haben natürlich
ihre Berechtigung und machen in vielen Kontexten Sinn.
Aber wenn zum Beispiel die Zahl der Meetings und Besprechungen in einer Gemeinde stetig zunimmt, stimmt etwas
nicht.[19] Und natürlich geht es nicht darum, Initiativen, die
Menschen in einer Gemeinde zusammengeführt haben, abzu-
würgen, weil sie nicht ins Konzept passen. Die Frage ist, was
eine Gemeinde wann neu startet, und ob sie nicht davor erst
einmal ihre „Hausaufgaben", also das Unerlässliche gemacht
haben sollte. Viele gute andere Initiativen können genau diese
Pflicht verhindern, weil für das Eigentliche, Aufgetragene
keine Zeit und Kraft mehr bleibt. Die Betrachtung des Prototyps Kirche kann davor bewahren.

---

[19] Der Management-Vordenker F. Malik schreibt dazu:
„Die Verbesserung der Sitzungseffektivität beginnt mit dem Streichen
von Sitzungen. ... Das Schlimmste ist, dass Organisationen dadurch
(viele Sitzungen d. V.) langsam und schwerfällig werden. ...
Tendenziell funktioniert eine Organisation als Ganzes um so besser,
je weniger Sitzungen benötigt werden. ... Gute Teamarbeit
ist durch die Minimierung des Sitzungsbedarfs charakterisiert."
F. Malik: Führen, leisten, leben, wirksames Management
für eine neue Zeit, Frankfurt/Main 2006 S. 272f

5. Ein Kanon für fünf Stimmen - Zusammenspiel

Gottes Herde weiden ist eine Kunst, die Ordnung und Spielraum gleichzeitig benötigt. Darum wird diese Kunst jetzt an einem mehrstimmigen Gesang verdeutlicht. Also mit einem Beispiel aus der Musik soll die Wirkungsweise der fünf Einzelteile des Gesamtauftrages veranschaulicht werden. An einem Kanon lässt sich exemplarisch zeigen, dass es bei der Gemeindeentwicklung auf das Zusammenspiel ankommt. Einen Kanon zu singen, ist die einfachste Form mehrstimmig zu singen. Viele Kanons können ohne viel Üben spontan angestimmt werden. Dabei sollten die einzelnen Gruppen gleich stark besetzt sein. Wichtig ist auch, den Einsatz zu erwischen, und dann, vor allem was das Tempo betrifft, beieinander zu bleiben, also einander weder zu enteilen, noch hinterherzuhinken. Dazu ist es notwendig, gut aufeinander zu hören. Es singen alle Stimmen dieselbe Melodie, nur zeitversetzt. Die Melodie ist jedoch so abgestimmt, dass trotz Phasenverschiebung der ganze Kanon in harmonischem Wohlklang ertönen kann. Manchmal stürzt ein Kanon allerdings auch ab. Einzelne Stimmen sind „rausgekommen", zum Beispiel weil unsicher Singende sich zu sehr nur auf ihre eigene Stimme konzentriert haben und sie stur durchziehen wollten.

Der Kanon beginnt in der Regel mit einmal durchsingen, und dann kommt der Einsatz der ersten Stimme. Sie fängt an. Weil sie nicht allein bleiben soll, folgt gleich die zweite Stimme. Sie gesellt sich hinzu, nimmt die erste auf und verbindet sich mit ihr. Dann setzt die dritte Stimme ein. Dadurch wächst und erweitert sich der Klang. Wer den Ton angegeben hat, ruft die nächste Stimme auf. Das Klangvolumen strebt seinem Höhepunkt zu. Eine letzte Stimme verschafft der Darbietung schließlich das Optimum an Klangfülle und Hörerlebnis. Was für ein Bild für eine Gemeindeentwicklung!

Zusammenstimmen muss sie wie ein Kanon. Der lebt davon, dass seine Komponenten zusammenspielen. Nacheinander, aber nicht isoliert, eigenständig, trotzdem abwartend und aufeinander aufbauend, einander abholend und mitnehmend ergänzen sich die Passagen gegenseitig und harmonieren miteinander. Und jede Stimme beim Kanon ist unverzichtbar. Voll klingt er nur, wenn keine Stimme unterbesetzt ist. Weggelassene oder ausgefallene Stimmen machen den Kanon schwach, instabil und unharmonisch.

Bei der Entwicklung der Gemeinde ist die Hinwendung zu Christus die erste Stimme. Mit der Bekehrung beginnt es. Darauf folgt als Zweites die Eingliederung in die Familie Gottes. Danach beginnt drittens Glaubenswachstum und viertens Mitarbeit in der Gemeinde. Über das Glaubenszeugnis als Fünftes geht es wieder mit eins los. Es entwickelt sich ein regelrechter flow, wenn sich in der Gemeinde Beobachtende zu Teilnehmenden und dann zu Nachfolgenden und Mitarbeitenden entwickeln. Andererseits hieße Nachfolge ohne Hingabe an Gott und ohne Gemeinschaft in seiner Familie, oder anderen das Evangelium weitersagen wollen, ohne es selbst vorher erfahren zu haben, das Pferd von hinten aufzäumen und den flow verhindern. Die Kunst des Gemeindeaufbaukanons besteht darin, fünf menschliche Grundbefindlichkeiten miteinander und diese ihrerseits mit fünf von Gott darauf zugeschnittenen Angeboten zu verzahnen.

Es geht also nicht darum, sich auf einzelne Bereiche zu spezialisieren, und diese dann saisonweise oder schwerpunktmäßig abzuarbeiten, sondern darum, sie zusammenzuhalten und im Verbund darzubieten wie einen Kanon mit fünf Stimmen. Rick Warren[20] schlägt dafür ein System von aufeinander aufbauenden „Klassen" oder Kursen vor, die der Reihe nach so-

---

[20] Warren a.a.O. S. 298ff

gar mit einem Zertifikat absolviert werden. Gemeinden fragen heute nach ihrer spezifischen Aufgabe, verwechseln dabei aber manchmal ihr unverwechselbares Talent und Profil mit dem Gesamtauftrag. Der Vergleich mit dem Kanon zeigt jedoch, dass nicht nur die eigene Stimme dargeboten, sondern als Quintett aufgetreten werden soll. Innerhalb dieses Quintetts darf jede einzelne Stimme ihre besondere Klangfarbe entwickeln. Der fünfstimmige Kanon ist die Pflicht; die Kür ist die individuelle Ausgestaltung der Musik innerhalb der Register. Also zum Beispiel benötigen alle Gemeinden Glaubenskurse, damit Glaubende im Glauben wachsen können. Aber welche Glaubenskurse dann zur Anwendung kommen, Grundkurse oder Aufbaukurse, das hängt von der „Form" der Glaubenden vor Ort ab beziehungsweise von denen, die solche Kurse leiten. In allen Gemeinden gibt es Dienste, aber je nach Bedarf und nicht überall die gleichen. In einem klar umrissenen Programm, das eben nicht beliebig ist, kann es innerhalb der einzelnen Programmpunkte selbstverständlich Spezialisierung und Methodenvielfalt geben. Aber von der Methodenvielfalt ist die Programmvielfalt zu unterscheiden. Die Arbeitsweise ist variabel, aber die Strategie ist fix.

Es gibt Gemeinden, in denen das verwechselt oder sogar umgedreht wird. Bewährte Arbeitsweisen werden festgeschrieben, aber die Strategie wird immer wieder neu ausgerichtet und angepasst. Zum Beispiel wird bei der Auswertung auf Nachfrage eine erfolgreiche kirchliche Veranstaltung nachträglich einem der fünf beschriebenen Aufträge zugeordnet. Passiert das häufiger, dann hat man zwar nie etwas falsch gemacht, sich aber dauernd etwas vorgemacht wie der Bogenschütze, der zuerst irgendwohin den Pfeil abschießt und dann nachträglich die Zielscheibe so am Einschlag anbringt, dass der Pfeil ins Schwarze getroffen hat.

Es ist nicht ganz einfach, den Gesamtauftrag und das Veranstaltungsprogramm einer Gemeinde sich gegenseitig bestimmen zu lassen und organisch aufeinander zu beziehen, gibt es doch schon immer zahlreiche christliche Institutionen, die ohne böse Absicht, sondern sogar mit bestem Wissen und Gewissen sich Einzelteilen dieses gemeindlichen Gesamtkonzeptes angenommen haben, um Einzelaspekte des Christseins besonders zu kultivieren. Freie christliche Werke, organisiert als Zentren, Verbände, Begegnungsstätten, Vereine, Bewegungen, Initiativen und Einsätze aller Art haben sich dabei auf ein oder auch mehrere Auftragselemente wie Gemeinschaft, Jüngerschaft oder Zeugenschaft von Christen spezialisiert und bieten ihre diesbezüglichen Kompetenzen zur Nutzung an. Sie selber wollen meistens keine Gemeinden sein und haben dann zum Beispiel auch nur gottesdienstähnliche Versammlungen, die aber trotzdem neben den normalen Gottesdiensten vor Ort bestehen und dadurch einflussreich von außen in Gemeinden hineinwirken. Das *war* eine gute Sache, wenn freie christliche Werke Gemeinden unterstützten, die, aus welchen Gründen auch immer, sich nicht um das ganze Auftragsprogramm kümmern konnten. Und es *ist* eine gute Sache, wenn sie zum Beispiel als den Kirchen angeschlossene Servicestellen Gemeinden auch weiterhin Starthilfe leisten, wenn diese Schwierigkeiten haben beim Aufbruch in den Gesamtauftrag. Die Spezialisierung hat aber inzwischen dazu geführt, dass Dienste, die eigentlich Aufgabe der Gemeinde wären, gewissermaßen ausgelagert und gänzlich von freien Werken übernommen werden. Gemeinden genießen die Entlastung und lassen sich bereitwillig bei bestimmten eigentlich eigenen Engagements vertreten. Das führt allerdings zur Verstümmelung des Gesamtkonzeptes und zu häufiger Abwesenheit von wichtigen Mitarbeitenden bei ihren Gemeinden. Es hat manchmal den Anschein: Freie Werke picken sich die

Rosinen aus dem Kuchen raus. Sie tun, was sie gut können und gern machen. Gleichzeitig bleibt viel Knochenarbeit am Gesamtauftrag in der Gemeinde entweder an immer weniger werdenden Getreuen hängen oder überhaupt liegen. Es entspricht ja auch eher dem eigenen Lebensgefühl, auf einer christlichen Freizeit die schöne Gemeinschaft zu genießen, oder zu irgendeinem exotischen Missionseinsatz zu fahren, als zuhause „Baustellen" aufzuarbeiten, oder einen diakonischen Dienst auch in Ferienzeiten durchzuziehen. Und es hat nicht nur mit der stetig angewachsenen Mobilität zu tun, dass christliche „Karrieren" immer seltener innerhalb der Heimatgemeinde gestartet werden, und Glaubensschulungen immer häufiger außerhalb von ihr durchlaufen werden. Es gibt viel mehr Seminarabsolventen als Gemeindeabsolventen. Das wäre ja alles halb so schlimm, wenn dadurch nicht auch das Verantwortungsbewusstsein der eigenen Heimatgemeinde gegenüber stetig schrumpfte. Christen wissen oft überhaupt nicht mehr, was ihre Gemeinde ihnen geben kann, und was sie ihr verdanken. Sie flattern wie Schmetterlinge von einem christlichen Event zum nächsten, um dann, wenn sie wieder mal „zu Gast sind" in der eigenen Gemeinde, zu beklagen, wie lahm daheim alles ist. Gleichzeitig gibt es immer mehr freie Werke, die Dienste anbieten, die eigentlich von der Gemeinde aus viel stimmiger getan werden könnten. Muss beispielsweise ein junges, flugbegeistertes christliches Ehepaar wirklich unbedingt ein übergemeindliches Gleitschirm-Missionswerk gründen, und dafür einen speziellen Ruf Gottes samt einem eigenen Trägerkreis in Anspruch nehmen?[21]

---

[21] Checkliste aus der Apostelgeschichte für neu entstehende Dienste
1. Jeder neue Dienst der Ortsgemeinde entsteht in der Ortsgemeinde durch Aufstellung und Wahl seiner Akteure. Apg. 6,5
2. Die mit der Verkündigung betraute Gemeindeleitung behält die Aufsicht über jeden neuen Dienst. Apg. 8,5+14+15

Könnten die beiden als normale Gemeindemitglieder ihren Glauben nicht sogar besser in ihrem Paraglide-Verein vor Ort bezeugen? Die Frage ist doch, in welche Gemeinden freie christliche Werke von ihnen Inspirierte eingliedern wollen und können? Mir scheint jedenfalls, bei allem Respekt vor der segensreichen Arbeit vieler freier christlicher Werke, ihr

---

3. Ein neuer Dienst wird erst gestartet, nachdem seine Initiatoren von ihren Seelsorgern der Gemeindeleitung empfohlen wurden. Apg. 9,27
4. Jeder neue Dienst gehört klar umrissen und mit der Gemeinde verbunden, damit er sich nicht verselbständigt. Apg. 11,19+22-23+25-26
5. Jeder neue Dienst startet unter geistlicher Inspiration und beginnt mit einer offiziellen Aussendung durch die Gemeinde. Apg. 13,2+3
6. Ein neuer Dienst geht nicht über bestehende Gemeindestrukturen hinweg, sondern knüpft an sie an. Apg. 13,5
7. Konflikte um einen neuen Dienstbereich betreffen nicht nur die Beteiligten, sondern gehen die gesamte Gemeinde an und werden mit dem Ziel bearbeitet, zusammenzubleiben. Apg.15,2+3+6+7
8. Eine christozentrische Verkündigung ist die Klammer für alle geistlichen Initiativen einer Gemeinde. Apg. 15,30-33+35
9. Neue Wirkungsstätten werden nicht geografisch ausgewählt und eigenmächtig selbst bestimmt, sondern über bestehende Beziehungen und Zusammenarbeit gefunden. Apg. 18,2+3
10. Alle, die einen Dienst in der Gemeinde tun, sind gefasst auf Irrlehre aus den eigenen Reihen, hüten sich vor Transferwachstum und davor, Menschen an sich zu binden. Apg. 20,28-30 Röm. 16,17-19
11. Ein neuer Dienst darf ehrenamtliche Mitarbeit nicht geringer schätzen als hauptamtliche und soll stets auch die Diakonie, die Sorge für die Schwachen umfassen. Apg. 20,34+35
12. Ein neuer Dienst ist nicht ein lockerer Probedurchgang, sondern benötigt eine ernste Alles-oder-Nichts-, eine-Leben-oder-sterben-Mentalität. Apg. 21,13
13. Ein neuer Dienst wird nicht als Gewaltaktion ohne Respekt vor Traditionen und Rücksicht auf vorhandene Gegebenheiten übers Knie gebrochen, sondern behutsam im Hinblick auf seine möglichen Auswirkungen einbegleitet. Apg. 21,24+25,8
14. Jeder neue Dienst ergänzt vorherige und kommt ihnen nicht als Konkurrenz in die Quere. Römer 15,20
15. Kein neuer Dienst beginnt ahistorisch am Nullpunkt, sondern stets in vorbereiteten Etappen und mit Stützpunkten. Röm.15,24+28
16. Bevor ein neuer Dienst beginnt, wird die Meinung bewährter Vorgänger eingeholt und ihre Erfahrung genützt. Gal. 1,18+2,2

Selbst- und Gemeindeverständnis Präzisierungsbedarf zu haben. Die Auslagerung von Teilaufträgen kann ihr gebotenes Zusammenspiel innerhalb der Gemeinde stören oder sogar verhindern.

Damit ist nichts gegen sinnvolle Regionalisierung von Gemeindearbeit gesagt. Nicht jede Gemeinde muss das Rad neu erfinden oder alles allein machen. Aber „es gibt auch Tätigkeiten, ... die man nur zu seinem eigenen Schaden delegiert."[22] Wolfgang J. Bittner verstand darunter zwar die Übertragung von christlichen Aufgaben innerhalb der Gemeinde an Spezialisten, zum Beispiel die Pfarrer.[23] Aber diese verhängnisvolle, oft unausgesprochene „Delegationsspirale," die nur funktioniert, weil sie über Gebühr die Delegierenden entlastet und zugleich die Delegierten wichtig macht, findet sich auch in der Beziehung zwischen Gemeinden und Werken. Auch auf diese Beziehung lässt sich aber dann Bittners provokante Analyse übertragen: „Was in der Kirche nicht durch die Gemeindeglieder geschieht, das geschieht in Wirklichkeit nicht."[24] Darum sollten freie christliche Werke für sich klären und ihren Partnern kommunizieren, wie sie sich mit ihren Programmen zu bestehenden Ortsgemeinden positionieren. Naheliegend als Ergänzung ist dafür aber zu schwammig. Denn dann zieht man zwar vielleicht auch hier wieder am selben Strang des Glaubens, aber nicht in die gleiche kybernetische Richtung, und es verpufft für die Gemeindeentwicklung wertvolle Energie.

---

[22] W. J. Bittner: Kirche wo bist du? Zürich 1993 S. 61
[23] Ebd. S. 65f
[24] Ders.: Betreuungskirche - oder Beteiligungskirche? Zum notwendigen Gestaltwandel unserer Kirchen in einer veränderten Zeit, in: Theologische Beiträge 1995.6, Haan 1995 S. 334

6. Eine Handvoll Funktionalität - weitere Quintette

Für Gottes Auftrag benötigt es ein gutes Händchen: Mit ihm wird nicht danebengegriffen, sondern zugegriffen und wirksam angepackt, was Gott beabsichtigt. Weil wir unsere Hände ständig verwenden und ganz selbstverständlich gebrauchen, ist uns die Komplexität ihres Einsatzes gar nicht mehr bewusst. Dabei erinnert schon der Name jedes einzelnen Fingers unserer Hand an seine besondere Bedeutung. Der Daumen fixiert und stabilisiert. Ohne ihn kann nichts richtig festgehalten werden. Zusammen mit anderen Fingern ihm gegenüber bildet er eine Zange und umklammert, was nicht aus der Hand fallen soll. Der Zeigefinger weist ausgestreckt über sich selbst hinaus und deutet auf etwas, das Aufmerksamkeit verdient. Außerdem kommt er beim Klopfen zum Einsatz. Der Mittelfinger ist der zentrale und in der Regel der längste aller Finger. Als Stinkefinger wird er oft missbraucht für eine unschöne Geste. Und dass der Ringfinger, wie sein Name schon sagt, für den Schmuck vorgesehen ist, heißt nicht, dass das seine einzige Bedeutung ist. Selbst ein wenig ungelenkig steht er seinen Nachbarfingern nahe und zur Seite. Vor allem der kleine Finger benötigt Unterstützung. Für die großen Aufgaben bekommt er sie vom Daumen, für die kleinen von den Fingern neben ihm.

Gehen wir einmal vom Mittelfinger aus und fragen, was das Zentrum der Gemeindeentwicklung ist, dann ergibt sich, was bisher schon an erster Stelle stand: Der Gottesdienst. Er führt in einer Gemeinde nicht nur regelmäßig die meisten Menschen zusammen, sondern auch mitten hinein in die menschliche Bestimmung, Gott zu verherrlichen. Diese Laudatio auf Gott ist der praktische und konkrete Ausdruck der Liebe zu ihm, die nicht nur den Sonntag, sondern das ganze Leben zum Fest werden lässt. Leider ist der Mittelfinger Gottesdienst aber auch der „Stinkefinger" des Gemeindeaufbaus. Nirgends wird so viel „Mist gebaut" wie im Gottesdienst: Oft gibt es kein wirkliches Willkommen für Autos, Kinder, Fremde. Und es ist ungemütlich: Schwierige Zeit, weites Klo, wenig Sicht, kalte Räume, harte Bänke, lange Kabel, schlappe Technik, schlechte Akustik, schwache Musik, müde Predigt, ferne Sprache, alter Singsang, schwerer Ablauf, fremde Sitten, dumme Experimente. Außerdem nur schwer erträglich: Abkanzeln, Stammeln, Nuscheln, Säuseln, Winseln, Nörgeln, Fuchteln, Bimmeln und Sammeln der Kollekte am Ausgang als einzige Qualitätskonstante. Der Mittelfinger benötigt viel Aufmerksamkeit.

Die beiden äußeren Finger einer Hand können für die Dienste und das Zeugnis stehen, die nach außen wirken. Der Ringfinger für die Diakonie, der kleine Finger für die Evangelisation. Der Dienst an den Schwachen ist die Zierde jeder Gemeinde, und der kleine Finger der Evangelisation ist gerade als persönliche von Mensch zu Mensch vielleicht ziemlich klein, dafür aber fein. Der Daumen umklammert und stabilisiert als Netzwerk der Kleingruppen jeden einzelnen Glaubenden und lässt niemanden allein und durch den Rost fallen. Der Daumen symbolisiert die feste Gemeinschaft im Inneren der Gemeinde und der Zeigefinger weist hin auf den Impulsgeber im Inneren aller Glaubenden. Der Zeigefinger bedeutet Jesus im veränderten Leben seiner Nachfolger. Es zeigt sich, dass die, die zu ihm gehören, immer mehr werden wie er.

Und während der Kanon für fünf Stimmen das Zusammenspiel der fünf Aufträge bei der Gemeindeentwicklung veranschaulicht hat, erinnern jetzt die fünf Finger einer Hand an die Funktionalität jedes Aufgabenelementes. Jedes hat eine spezifische Aufgabe. Was ist die Funktion des Gottesdienstes? Auch wenn wir auf den Gottesdienst der Urkirche nicht einfach zurückgreifen können und seine Ausgestaltung dort unterschiedlich ist, seine überzeitliche Funktion ist in den Bibeltexten trotzdem klar erkennbar: Der Gottesdienst soll alle Glaubenden einer Gemeinde in der Gegenwart Gottes zusammenführen und versammeln. Es ist also nicht seine Aufgabe, alle möglichen Leute anzusprechen, und ihre Bedürfnisse zu befriedigen. Beim Gottesdienst geht es zuerst um die Glaubenden! Sie sollen die Liebe Gottes neu empfinden, sich ihrer Zugehörigkeit zu Gott neu freuen und ihrer wieder vergewissert werden. Weil diese Empfindung, diese Freude und diese Gewissheit nicht selbstverständlich ist und unter der Woche verlorengehen kann, gehört sie aufgefrischt. Der Gottesdienst ist das Fest der Erneuerung der Gemeinde. Darum findet er auch in der Regel am Sonntag statt, am Tag der Erneuerung schlechthin, am Tag der Auferstehung Jesu. Gottesdienst ist nicht nur zeitlich, sondern charakterlich morgendlich erfrischend eben österlich. Und so wie das erste Ostern die Schar der Jesus Nachfolgenden einfach nur überzeugt hat, so soll jeder Gottesdienst die Glaubenden im Zeichen von Ostern stärken und „konfirmieren." Gottesdienst ist Konfirmation, und Konfirmation ist Gottesdienst. Wenn Gott solche Befestigung wirkt und schenkt, dann ist Beteiligung, Mitsingen, Mitbeten, Predigen, Hören, Feiern und Segnen weder ein Problem noch ein Thema. Es passiert dann einfach und wird gut, weil ein auf Firmung ausgerichteter Gottesdienst kann und tut, was er soll, und wofür er da ist.

Aus der gottesdienstlichen Vollversammlung der Glaubenden ergibt sich notwendigerweise eine Kleingruppenstruktur von Hauskreisen, in die sich die gottesdienstliche Gemeinde unter der Woche aufgliedert. Im Sonntagsgottesdienst wurde zwar miteinander gesungen, gebetet, gehört und gefeiert, aber die gegenseitige Anteilnahme am Leben ist wegen der Größe der Versammlung nicht allen Teilnehmenden während der Kirchzeit möglich.

Beim Kirchenkaffee oder beim Zusammenstehen können sich zwar schon auch wichtige persönliche Kontakte und Gespräche ergeben, aber das eigentliche Instrument für die Gemeinschaftspflege der Gemeindeglieder ist der Hauskreis. In einer überschaubaren Gruppe treffen sich Glaubende, die zueinander passen, um regelmäßig Anteil zu geben und Anteil zu nehmen an ihrem Leben, um miteinander in der Bibel zu lesen, zusammen zu essen, miteinander und füreinander zu beten, um einander zu ermutigen und füreinander zu sorgen. Notwendig dafür sind nicht große Vorbereitungen, sondern eigentlich nur ein Wohnzimmer und ein nicht ganz leerer Kühlschrank. Wichtig ist auch die Unterscheidung von natürlicher, auf Zuneigung basierender und geistlicher, von Sympathie unabhängiger, durch Christus gestifteter Gemeinschaft.[25] Aber nicht um beides auseinander zu reißen, sondern um im Blick zu haben, dass keine von beiden die jeweils andere ersetzen kann. Am meisten profitiert von einem Hauskreis, wer verbindlich daran teilnimmt, sich rücksichtsvoll einbringt, bescheiden beiträgt, ehrlich auch über Schwierigkeiten spricht und sich in die anderer einfühlt, vor allem aber jede Gelegenheit nutzt, um andere zu ermutigen. Hauskreise entwickeln unterschiedlich tiefe Gemeinschaft. Die Teilnehmenden können zunächst schlicht zuhören und erzählen. Das derzeitige Ergehen wird in die Fürbitte aufgenommen. Sie können aber ihre Gemeinschaft auch vertiefen und gemeinsam gründlich für eine bestimmte Zeit etwas aus der Bibel studieren. Sie werden dabei feststellen, dass mehr als zwei Augen auch mehr in der Bibel wahrnehmen. Wenn eine Kleingruppe zusätzlich zu den regelmäßigen Treffen in der Gemeinde einen bestimmten Dienst übernimmt, entwickelt sie sich weiter zu einer Dienstgruppe. Am intensivsten ist die Gemeinschaft im

---

[25] D. Bonhoeffer: Gemeinsames Leben, München 1939 S. 9ff

gegenseitigen Beistand der Gruppenmitglieder in Krisen und Schwierigkeiten. Nicht zuletzt deshalb könnte man die Kleingruppenstruktur einer Gemeinde überhaupt als Gottes Notfallsystem für alle Fälle bezeichnen, wo einer des anderen Last trägt.[26] Der Fallschirmspringer hat seinen Notschirm, der Taucher seine Reservesauerstoffflasche, der Soldat seine Nachschubeinheit, das Kreuzfahrtschiff seine Rettungsboote, und die christliche Gemeinde hat ihre Hauskreise. Das Lebenserhaltungssystem im menschlichen Körper ist das Netzwerk der Körperzellen. Der Körper ist nicht eine einzige Riesenzelle, sondern besteht aus 100.000 Milliarden einzelnen kleinen Zellen, von denen jede das ganze Leben des Körpers in sich trägt. Und so lebt auch die christliche Gemeinde ihr geistliches Leben im Verband und Verbund jeder einzelnen Kleingruppe. Weil Gott Beziehungen wichtig sind, und niemand seinen Glauben allein leben kann, darum hat die Hand der Gemeindeentwicklung einen Daumen, der alles zusammenhält: Die Gemeinschaft der Kinder Gottes in der Familie Gottes.

Neben dem Daumen ist der Zeigefinger platziert. Er steht für den anderen nach innen wirkenden Faktor in der Gemeindeentwicklung neben der Gemeinschaft, nämlich für die Jüngerschaft. Weil Glaubende Jesus nachfolgen, wird ihr Leben durch Jesus verändert. Er ist die treibende innere Kraft für eine hoffentlich offensichtliche Umgestaltung. Der Zeigefinger der Jüngerschaft deutet darauf hin, dass es bei Nachfolgern von Jesus etwas zu sehen gibt, das es ohne die Wirksamkeit von Jesus in ihnen nicht zu sehen gäbe: Sie werden immer mehr wie der, der ihnen vorangeht, und dabei auf sie abfärbt. Gott will, dass seine Kinder anders leben als die Menschen in ihrer Umgebung. Sie sollen sich entwickeln und seine Züge

---

[26] Gal. 6,2

44

tragen, dadurch dass sie immer mehr Lebensbereiche unter seine Herrschaft stellen. Diesem Zweck haben die Schulungsprogramme in der Gemeinde zu dienen. An einen Glaubenskurs, der Menschen zum Glauben geführt hat, gehört zeitnah ein weiterer angeschlossen, der ihnen hilft, in das geistliche Leben hineinzuwachsen, und sich zum Beispiel beim Bibellesen selbständig zurechtzufinden und im Beten treu zu werden. Aber auch die Perspektive für die Mitarbeit in der Gemeinde ist zu eröffnen und die Möglichkeit, die eigenen Gaben zu entdecken und einzusetzen. Statt von Event zu Event zu hetzen, von denen keiner mit dem anderen etwas zu tun hat, sollte eine Gemeinde einen stetigen Fluss von aufeinander aufbauenden und sich auseinander ergebenden Kursen und Katechesen für verschiedene Altersgruppen im Angebot haben. Dann könnte sich zeigen, welches Potential für Metamorphose in ihr vorhanden ist, und der Zeigefinder erfüllte seine Funktion.

Den Fingern der Außenseite der Hand gehören die Außendienste. Die Diakonie wird angepackt mit dem Ringfinger. Und so wie der Ring ihn umschließt, so umfasst die Diakonie der Gemeinde Menschen, die Hilfe brauchen. Weil sie Jesus nicht gleichgültig waren, sind sie der Gemeinde nicht gleichgültig. Die diakonische Betreuung geschieht dabei nach dem schlichten Grundsatz: Mehr für mehr. Ein weites Betätigungsfeld tut sich auf, wenn Gemeindegremien danach fragen: Welche Not können wir in unserer Umgebung lindern, welches Problem können wir an unserem Ort anpacken? Eng verbunden mit dem Ringfinger der Diakonie ist der kleine Finger, der für die Bezeugung des Evangeliums steht. Diakonie und Evangelisation gehören zusammen, und in guten Gemeinden gibt es immer beides. In beiden Außendiensten kümmert die Gemeinde, was Jesus kümmert: Das Bedürftige und das Verlorene. Eine auftragsbestimmte Gemeinde nimmt sich beidem an. Das wird fingertechnisch und statistisch gesehen zwar immer klein wie ein Tropfen auf den heißen Stein erscheinen, vor Gott aber besonderes Gewicht haben: „Und der König wird antworten und zu ihnen sagen: Wahrlich, ich sage euch: Was ihr getan habt einem von diesen meinen geringsten Brüdern, das habt ihr mir getan."[27] „So, sage ich euch, wird Freude sein vor den Engeln Gottes über einen Sünder, der Buße tut."[28]

Es ist deutlich geworden, wie wichtig klare Begriffe und Vorstellungen für die einzelnen Elemente der Gemeindeentwicklung sind. Diese Klarheit ergibt sich aus ihren Funktionen. Wenn die mit Hilfe des Kirchprototyps geklärt sind, können sie wirksam eingesetzt werden. Ein Prototyp ist ja der Inbegriff von etwas, steht also für ein Konzept, das als „erstes Vorbild" und Entwurfsmuster für weitere Exemplare dient, die sich darauf zurückführen und davon ableiten lassen. Und wenn der Prototyp Kirche bei der Gemeindeentwicklung auch heute Pate stehen darf, liefert er eine einheitliche und übersichtliche Grundform, auf der stabil aufgebaut, gleichzeitig aber auch variabel weitergebaut werden kann.

Dabei hat der Kanon mit fünf Stimmen das Zusammenspiel und die Hand mit ihren fünf Fingern die Funktionalität der fünf Aufträge verdeutlicht. Es lassen sich aber noch weitere Quintette anführen, die ebenfalls veranschaulichen, was Vielfalt in der Einheit bedeutet. Zum Beispiel zeigen auch die Zutaten, die zu einem Kuchenteig zusammengerührt werden, dass es auf die Verbindung der Komponenten ankommt. So wenig Mehl, Zucker, Eier, Butter und Hefe roh und allein schmecken, so wenig genießbar sind die fünf Aufträge, wenn sie unverbunden nebeneinanderstehen. Erst wenn die Zutaten

---

[27] Mt. 25,40
[28] Lk. 15,10

für den Kuchen als eine Masse geknetet und gebacken werden, schmecken sie. Und nur wenn Glaubende eingesehen haben, dass Gotteskindschaft, Gemeinschaft, Jüngerschaft, Mitarbeiterschaft und Zeugenschaft zusammengehören und eine Einheit bilden, verlangt es sie nach Auferbauung. Geistliche Appetitlosigkeit hingegen kennzeichnet Gemeinden, in denen die Besinnung auf Gott, die Beziehung untereinander, die Bewährung im Glauben, die Betreuung Bedürftiger und die Bekehrung Außenstehender isoliert nur als Allfälliges auf der Tagesordnung steht.

Oder denken wir an die Register einer Orgel. Da kommt es auf die ausgewogene Abstimmung an. Auch wenn eine Orgel zum Beispiel fünf Register hat, werden diese nicht immer alle gleichzeitig gezogen, sondern in einer bestimmten Reihenfolge und Kombination. Dadurch variiert die Klangfarbe. Das Musikstück gibt vor, wann die hellen, metallenen Pfeifen, wann die warmen hölzernen, oder wann sie miteinander angeblasen werden. Und so gehören auch die fünf Aufträge abgestimmt und kombiniert. Eins ist auf das andere aus. Eins geht mit dem anderen einher:

Wenn Glaubende nur inspiriert, aber nicht integriert werden, ist das geistliches Harakiri. Wenn Glaubende nur integriert, aber nicht stabilisiert werden, wachsen sie nicht. Wenn Glaubende nur stabilisiert, aber nicht zur Mitarbeit motiviert werden, bleibt alles liegen. Wenn Glaubende nur motiviert, aber nicht zur Mission mobilisiert werden, evangelisiert niemand. Wenn Glaubende nur mobilisiert, aber Nicht-Glaubende von ihnen nicht zum Glauben inspiriert werden, klemmt alles.

Die fünf Schritte bei der Entwicklung einer Gemeinde lassen sich auch mit einer Holzarbeit vergleichen. Da steht die Effektivität im Zentrum. Darum geht es los mit einem Plan. Man beobachte einmal zwei Schnitzer. Der eine hat eine Vorstellung von dem, was rauskommen soll. Der andere schnitzt planlos vor sich hin. Beide haben am Ende einen Haufen Späne am Boden. Aber nur der mit dem Plan hat auch ein Ergebnis, und er hat es schneller. Teil des Plans sind effektive Werkzeuge. Zuerst wird Holz mit einer Säge ab- und zurechtgeschnitten. Dann wird es mit einem Hobel geformt oder mit einem Messer geschnitzt. Irgendwann wird zusammengefügt, was zusammengehört. Dann wird mit einem Schmirgelpapier gefeilt und geglättet, was übersteht. Und zum Schluss wird mit einem Pinsel lackiert. In der richtigen Reihenfolge mit dem richtigen Werkzeug bearbeitet kann aus einem Stück Holz so ein schönes Möbelstück, ein besonderes Schmuckstück, ein richtiges Kunstwerk, zum Beispiel ein Instrument, werden. Auch Gemeindeaufbau ist eigentlich ein Kunstwerk. Seine Gestaltung macht Freude, aber nur mit richtig eingesetzten und wirksamen Werkzeugen.

Wer im Gottesdienst nur missioniert, wer im Hauskreis Predigten hält, wer Glaubende evangelisiert, wer Mitarbeitende unausgerüstet probieren lässt, wer Außenstehende wie Glaubende behandelt, hat seinen Plan vergessen, seine Werkzeuge vertauscht und seine Veranstaltungen verwechselt. Und dann wird alles mühsam. Man meint zwar der Einfachheit halber Aufträge kombinieren und Veranstaltungen mehreren Zwecken gleichzeitig widmen zu können. Aber dann wird es gewissermaßen „sakramental" und damit geheimnisvoll: „In, mit und unter" den Elementen soll wie beim Abendmahl Verschiedenes passieren. In, mit und unter einem Gottesdienst soll dann zum Beispiel auch evangelisiert werden. In mit und unter einer Schulung soll auch Gemeinschaft gepflegt werden. Das geht zwar schon. Aber es besteht die Gefahr, dass keines von beidem richtig gemacht wird. Dabei weiß schon der Jäger: Wenn er mehrere Hasen gleichzeitig jagt, fängt er keinen.

Bei etwa schon aufschlussreich sogenannten „Abenden der Begegnung" wird manchmal nicht mehr explizit, sondern nur mehr „implizit," unter einem „Vorwand", in dem Fall dem der Begegnung evangelisiert. Das Evangelium wird mehr oder weniger als bekannt vorausgesetzt, in seiner Gesamtheit und seinem Zusammenhang allenfalls andeutungsweise dargelegt, und die Möglichkeit, auf seine Verkündigung auch aktuell zu reagieren, den Zuhörern selbst beziehungsweise dem Zufall überlassen. Man will ja auch nicht aufdringlich sein. Aber wenn Aufgaben der Gemeindeentwicklung sich bei Veranstaltungen gegenseitig überlagern, werden sie entschärft und geschwächt, verliert die Gemeinde an Kontur, und ihr Angebot wird auch nach außen hin unklar und unverständlich. Dagegen braucht es auch wieder die Antriebskraft eines geklärten Auftrages.

Sie lässt sich noch einmal veranschaulichen an den Zylindern und Gängen eines Autos, in dem Fall eines mit je fünf. Sie stehen für Kraft und Kraftübertragung. Die Zylinder sind in Reihe geschaltet, und die Gänge werden hoch- beziehungsweise runtergeschaltet. Die Zylinder bilden den Hubraum und den Kraftraum des Motors. Die Gänge schalten das Getriebe, das die Kraft des Motors auf die Räder überträgt. Angewandt auf die fünf Aufträge der Gemeindeentwicklung bedeutet das: Nur wenn sie in Reihe geschaltet sind, entfalten sie ihre volle Kraft, so dass Drehmoment entsteht und Schwung mitgenommen wird. Einzelne abgeschaltete Aufträge schwächen und verlangsamen den Gemeindemotor. Die Gemeinde schleicht auf der Kriechspur. Über-sprungene Aufträge können ihn sogar abwürgen, so wie überbetonte ihn überanstrengen. Richtig aneinandergereiht und geschaltet aber machen die fünf Aufträge der Gemeinde richtig Dampf, denn sie verbinden ihre Mitglieder mit der Wirkung, der Stärkung, der Prägung, der Weisung und der Sendung Gottes. Mit dem Prototyp

Kirche fährt die Gemeinde auf der Überholspur. Mit ihren zahllosen Experimenten steht sie hingegen im Stau. Schief- und Wackelbau bedeuten Fehlkonstruktion. Aber was meinte schon der Baumeister des Turms von Pisa? ...

7. Durchlebt durchlitten - nicht ohne Gemeinde

Auftragsgemäße Gemeindeentwicklung beginnt manchmal mit einem Zusammenbruch. Auf alle Fälle hat sie auch einen existentiellen Aspekt. Persönliche Betroffenheit lässt sie dann auch viel mehr sein als nur eine Theorie und Strategie. Wie Gemeindeleben und persönliches Leben im Auftrag Gottes einander entsprechen, ist ja bereits besprochen worden. Es sind dieselben Elemente, die die Gemeindeentwicklung und das Glaubensleben voranbringen: Gott will, dass wir ihn kennen, lieben, erfreuen und anbeten. Wir sollen aber auch andere Menschen kennen, lieben und mit ihnen zusammen sein. Vorgesehen ist zudem, dass wir im Glauben wachsen und immer mehr werden wie Jesus. Gott will schließlich, dass wir anderen einen Dienst tun und ihnen das Evangelium mitteilen. Was führt uns in diese Bestimmung? Betrachten wir, wie die Bekehrung des Apostels Paulus ihn in den Auftrag Gottes hineingebracht hat. Auch er hat die fünf Bestimmungen durchlaufen. Er erfuhr vor Damaskus eine Bekehrung, eine Christusbegegnung, die ihm die Erfüllung mit dem Heiligen Geist und die Gotteskindschaft brachte (Apg. 9,17+18). Sein Seelsorger Hananias führte ihn in die Gemeinschaft mit den Jüngern in Jerusalem, in die Christusbeheimatung ein (Apg. 9,26-28a) und in die Christusbewegung, die Jüngerschaft, die aus dem Verfolger einen Nachfolger Jesu machte (Apg. 9,22). Hananias ermutigte ihn durch Handauflegung und die damit verbundene Christusbefähigung und Christusbegeisterung zur Mitarbeiterschaft und zur Zeugenschaft als Werkzeug Gottes in der Verkündigung des Evangeliums (Apg. 9,15+20+22b+28). Und Gott deutete Paulus bereits bei seiner Bekehrung durch Hananias an, dass selbst Leid in ein auftragsgemäßes, produktives Leben hineinführen kann (Apg.

9,16).[29] Leid muss nicht vergeblich durchgemacht werden. Strukturen der Gemeindeentwicklung, am deutlichsten Gottesdienst und Hauskreis, helfen, mit Leid umzugehen. Es ist möglich, von Problemen zu profitieren. Alle haben Schwierigkeiten, aber nicht alle profitieren davon. Menschen, die geistlich wachsen, ernten von ihren Nöten und lernen aus ihren Verlusten. Sie werden nicht bitter dadurch, sondern besser. Wenn der Wert oder Zweck von Leid erkennbar ist, wird es erträglicher. Und wieder hilft die fünffache Perspektive: Aus Bösem kann Gutes herauskommen,[30] wenn wir *Gott und sein Licht suchen*. Schwere Zeit ist dazu angetan, Gott näher

---

[29] Apostelgeschichte 9,15-22 „Doch der Herr sprach zu ihm:
Geh nur hin; denn dieser ist mein auserwähltes Werkzeug,
dass er meinen Namen trage vor Heiden und vor Könige
und vor das Volk Israel.
Ich will ihm zeigen, wie viel er leiden muss um meines Namens willen.
Und Hananias ging hin und kam in das Haus und legte die Hände auf ihn
und sprach: Lieber Bruder Saul, der Herr hat mich gesandt, Jesus, der dir
auf dem Wege hierher erschienen ist,
dass du wieder sehend und mit dem Heiligen Geist erfüllt werdest.
Und sogleich fiel es von seinen Augen wie Schuppen
und er wurde wieder sehend; und er stand auf, ließ sich taufen
und nahm Speise zu sich und stärkte sich.
Saulus blieb aber einige Tage bei den Jüngern in Damaskus.
Und alsbald predigte er in den Synagogen von Jesus,
dass dieser Gottes Sohn sei.
Alle aber, die es hörten, entsetzten sich und sprachen:
Ist das nicht der, der in Jerusalem alle vernichten wollte,
die diesen Namen anrufen,
und ist er nicht deshalb hierher gekommen,
dass er sie gefesselt zu den Hohenpriestern führe?
Saulus aber gewann immer mehr an Kraft
und trieb die Juden in die Enge, die in Damaskus wohnten,
und bewies, dass Jesus der Christus ist.
Apostelgeschichte 9,28 Und er ging bei ihnen in Jerusalem ein und aus
und predigte im Namen des Herrn frei und offen."
[30] „Wir wissen aber, dass denen, die Gott lieben, alle! Dinge zum Besten
dienen..." Röm. 8,28

zu kommen und ihm erst recht zu vertrauen. Hinzulaufen zu ihm und sich auszusprechen bei ihm, ist auf alle Fälle besser, als wegzulaufen, ohne zu wissen wohin. Aus Bösem kann Gutes herauskommen, wenn wir *Gemeinschaft und darin Halt finden.* Geteiltes Leid ist halbes Leid. Darum tragen wir die Last anderer. Gerade schwere Zeit bringt uns dazu, uns mit anderen zu verbinden. Aus Bösem kann Gutes herauskommen, wenn wir *das Kreuz tragen und werden wie Jesus.* Schwere Zeit bewirkt, durchzumachen, was Jesus durchgemacht hat. Dabei sind wir ihm am nächsten und am ähnlichsten. Aus Bösem kann Gutes herauskommen, wenn wir *aus eigenem Leid einen Dienst machen.* Schwere Zeit hat den Vorteil, empfindsam zu machen für die Bedürfnisse anderer. Eigene Misere, englisch „misery" qualifiziert für einen „ministry" ein „Ministerium." Aus Bösem kann Gutes herauskommen, wenn wir *Gottes Kraft anderen zum Trost bezeugen.* Schwere Zeit befähigt zu einem Zeugnis, das Gehör findet. Denn das spannendste Glaubenszeugnis kommt nicht aus unseren Stärken, sondern aus unseren Schwächen. Nicht Erfolge machen glaubwürdig, sondern Krisenbewältigung. Wir glauben an einen Gott, der spezialisiert ist darauf, Kreuzigungen in Auferstehungen zu verwandeln. Das ist die seelsorgerliche Seite einer auftragsgemäßen Gemeindeentwicklung. Schief- und Wackelbau bringt mehr Frust als Frucht. Und selbst wenn einmal etwas Gutes entstanden ist, weiß man nicht, warum. Die Kraft zur Transformation, zur Umgestaltung auch von Widrigkeiten steckt aber nicht im Probieren, sondern im Verständnis dessen, was den Prototyp Kirche zum Prototyp Kirche macht.

Immer mehr Christen meinen jedoch, auch ohne eine Gemeinde auskommen zu können. Ihnen reicht die Beziehung zu Christus. Das hat manchmal auch konfessionelle Gründe. Bei Katholiken steht die Kirche im Zentrum. Sie vermittelt den Glaubenden das Zusammensein mit Gott. Martin Luther erinnert die Evangelischen hingegen an ihre Gottunmittelbarkeit, in der sie direkten Kontakt zu Gott haben. Das verführt Evangelische allerdings manchmal dazu, ihre Kirche lediglich als Neben- oder sogar als „Abfallprodukt" zu behandeln, das eben nur nebenbei abfällt, eigentlich jedoch entbehrlich ist. Wie kann es wieder zu einer Hochschätzung der Ortsgemeinde kommen? Die Antwort ist überraschend: Sie muss gar nicht streng eingefordert werden. Das funktioniert sowieso nicht. Wenn ihre Funktion und ihre Vorzüge und Vorteile einsichtig werden konnten, bekommt sie ganz natürlich und von selbst einzigartige Bedeutung und zwar durch eines der größten Bedürfnisse eines jeden Menschen, nämlich dem nach Einbindung und Zugehörigkeit. Alle Menschen träumen ja davon, bei etwas ganz Großem dabei zu sein und etwas von sich dazu beizutragen.

Genau dazu gibt die christliche Gemeinde einmalige Gelegenheit. Sie ist ja die größte, älteste, produktivste und zukunftsicherste „Firma" der Welt. Und sie ist eine „Baufirma." Gott liebt es nämlich zu bauen. Das zeigt schon seine Schöpfung. Aber Gott hat eigentlich nie aufgehört zu bauen. Er hat nur das Baumaterial gewechselt. Immer weiter baut er seit der Erschaffung der Welt mit lebendigen Steinen, mit Menschen. Und wie alle Kreaturen dieses Baumeisters ist auch seine Gemeinde von unbeschreiblicher Schönheit, atemberaubender Kraft und unglaublichem Potenzial. Ihrem Wesen nach ist sie „Ekklesia," Schar der aus dem Leben ohne Gott Herausgerufenen und in die Lebensgemeinschaft mit Gott Hineingerufenen. Kirche heißt sie, weil sie durch diese Berufung zu diesem Herrn gehört und ihm dadurch angehört. Der Apostel Paulus identifiziert sie mit dem „Leib Christi." Diese für eine Gemeinschaft ganz außergewöhnliche Bezeichnung bedeutet doch allen Ernstes: „Die Kirche ist die Adresse Jesu auf

Erden."[31] Sie ist der sichtbare, real gegenwärtige, aktuelle Christus mitten unter uns. Kein gespenstisches Phantom und undenkbar als Monster mit überall herumliegenden zerstreuten Gliedern, sondern wahrnehmbarer, verleiblichter Herr, der mitten in der alten Welt eine neue Gesellschaft errichtet. Er geht als der Auferstandene zwar nicht in seiner Gemeinde[32] auf, aber er geht regelrecht in sie ein, um sich so der Welt als lebendige Hoffnung darzustellen und zugänglich zu machen. „Die Ortsgemeinde ist die Hoffnung der Welt."[33] Von Anfang an ist sie aufgefallen durch veränderte Menschen mit echtem Sinn und neuen Zielen. Bis heute hat sie dadurch besondere Anziehungskraft, Motivationskraft und Integrationskraft an den Tag gelegt und neue Standards gesetzt: Leben statt Tod, Versöhnung statt Entfremdung, Einheit statt Trennung, Liebe statt Hass, Frieden statt Streit, Ehrlichkeit statt Korruption, Kampf gegen das Böse statt Kompromiss. Natürlich hat sich die Kirche auch immer wieder erschreckend weit davon entfernt, aber ihre kritische Urkunde, die Bibel, spricht sie auf Besinnung und Umkehr immer wieder an. Das ist nicht in allen Religionen selbstverständlich. Aber genau diese Hörfähigkeit kennzeichnet dann auch jene Gemeinden, denen man abspürt: Sie haben das gewisse Etwas. Es lässt sich schwer beschreiben, aber es ist real und steht in jedem Fall im Zusammenhang mit der Orientierung an dem, was der Herr der Kirche geboten hat. Natürlich hat es auch etwas zu tun mit dem Heiligen Geist und mit Faktoren, die dieses gewisse Etwas fördern. In einer Gemeinde mit dem gewissen Etwas wird

---

[31] G. Engel, Editorial in idea Spezial 5.2019, Wetzlar 2019 S. 3
[32] Auch hier wieder verwende ich „Kirche" und „Gemeinde"
der Einfachheit halber austauschbar,
auch wenn beides nicht einfach zu identifizieren ist. Vgl. Anm. 3 S. 13
[33] So Bill Hybels der ehemalige Leiter der Willow Creek Gemeinde
bei Chicago

zum Beispiel der Fokus nicht auf viel gelegt, sondern auf Profil. Sie ist nicht in allem gut, aber in ganz Bestimmtem. Und sie ist etwas Besonderes, weil sie Möglichkeiten zum Dienst erkennt, wo andere nur Hindernisse sehen. Statt auf Sicherheit zu spielen, lebt sie aus Glauben. Und weil sie daraus lernen kann, ist sie auch bereit, Fehler zu machen oder sogar zu scheitern. Das bedeutet: Eine Gemeinde hat das gewisse Etwas, wenn es ihre Mitarbeitenden haben. Und alle können das gewisse Extra haben. Selbst die es verloren haben, können es ja wiederbekommen.[34]

Diejenigen sind von ihrer Gemeinde begeistert, die wissen, was die Gemeinde für sie ist, und was sie ihnen gibt. Bei Kindern ist klar, dass sie eine Familie brauchen. Dort werden sie versorgt und können heranwachsen. Gotteskinder brauchen eine geistliche Familie, die sie geistlich schützt, nährt, reinigt und fördert. Das bedeutet: Kirche ist nicht nur ein Termin am Sonntag, oder ein Ort zum Hingehen. Zum Kirchegehen gehört das Kirchesein. Man kann in eine Familie eigentlich nicht *gehen*; man kann eine Familie nur *sein*. Und weil die geistliche Familie nicht ausstirbt, sondern laut Jesus ewigen Bestand hat,[35] ist sie sogar wichtiger als jede andere Interessens-, Zweck-, Gesinnungs- und Lebensgemeinschaft. Gott will mit seiner Familie seine Ziele erreichen, und die großen Probleme der Welt anpacken. Und seine Gemeinde hat Jesus so viel bedeutet, dass er für sie am Kreuz sein Leben gegeben hat.[36] Da kann sie einem eigentlich nicht mehr gleichgültig sein.

---

[34] Vgl. C. Groeschel: Unwiderstehlich:
Das Geheimnis anziehender Gemeinden, Witten 2010
[35] „Die Pforten der Hölle sollen meine Gemeinde nicht überwältigen." Mt. 16,18
[36] „Christus hat die Gemeinde geliebt, und hat sich selbst für sie dahingegeben." Eph. 5,25

Und es ist unpassend, sich zu entschuldigen: „Ihr könnt auch ohne mich." Das mag ja sein. Aber niemand kann ohne die anderen in der Gemeinde ... zur Besinnung kommen, Beziehung pflegen, Bewährung entwickeln, Betreuung praktizieren, zur Bekehrung einladen. Viele Kinder Gottes wissen gar nicht, für wie viele ihrer Bedürfnisse die Familie Gottes zuständig ist. Sie lassen die Gemeinde links liegen wie einen schlafenden Riesen, der nicht aufgeweckt werden soll. Aber wir brauchen unsere Ortsgemeinde gegen unsere Einsamkeit. Wir können den Glaubensweg nicht alleine gehen. Wir benötigen unsere Glaubensgeschwister gegen unsere Müdigkeit. Wir sollen nicht aufhören zusammenzuarbeiten. Und wir sind angewiesen auf die Familie Gottes wegen unserer Anfälligkeit. Wir sollen nicht rückfällig werden. Unsere Gemeinde achtet auf uns wie der Nachbar, der auf die Wohnung nebenan aufpasst und dort in Abwesenheit der Bewohner die Blumen gießt und die Post rausnimmt. Aber so wie unsere Sachen bewacht gehören, so benötigen Schutz noch vielmehr unsere Seelen, die sich so schnell täuschen lassen und dann blind sind für Fallen so wie unsere Augen für die eigene offene Hose. Aufmerksam auf unsere blinden Flecken macht uns unsere Gemeinde. Am größten jedoch ist der Bedarf nach einem geistlichen Zuhause bei Niedergeschlagenheit. Dann dürfen wir nicht aufgeben, sondern erfahren: Wenn wir weinen, trösten uns die, die mit uns weinen.[37] „Und wenn ein Glied leidet, so leiden alle Glieder mit."[38] Was in der Gemeinde geschieht, ist essentiell. Ich brauche meine Gemeinde wie der Fußballer seine Mannschaft, wie der Soldat seine Truppe, wie das Schaf

---

[37] Röm. 12,15
[38] 1. Kor. 12,26

seine Herde, wie das Kind seine Familie. Unterschätzen wir den Prototyp Kirche nicht! Seine Geborgenheit verleihende Gestaltkraft ist einzigartig.

8. Statt wesentlich mehr mehr Wesentliches

Wenn es für etwas einen Prototyp gibt, bedeutet das nicht, dass alles von ihm Herkommende mit ihm identisch sein muss. Auch der Schöpfergott hat Baupläne rationell variiert und hat so „jedes nach seiner Art" erschaffen, aber eben mit einem Gesamtkonzept als Ausgangspunkt. Gottes Maßgaben vereinfachen die Entwicklung von Gemeinde. Die Urgemeinde in Apg. 2 hatte bestimmte Ambitionen. Die bewegten sie so sehr, dass sie dadurch auffiel. In ihr wurde zum Beispiel nicht nur über Gott geredet, sondern er selbst wurde erlebt. Ihr war wichtig, *wirklich Gottes Kraft zu erfahren*. Apg. 2,2f: „Und es geschah plötzlich ein Brausen vom Himmel wie von einem gewaltigen Wind und erfüllte das ganze Haus, ... und der Heilige Geist setzte sich auf einen jeden von ihnen," Das ist bis heute der große Unterschied zwischen christlicher Gemeinde und anderen Organisationen und Vereinen. In der Gemeinde ist der Heilige Geist drin. Der inspirierte die Apostel damals, *verständlich für alle zu reden*. Apg. 2,4: „Und sie wurden alle erfüllt von dem Heiligen Geist und fingen an zu predigen in anderen Sprachen, wie der Geist ihnen gab auszusprechen." Das Pfingstwunder war ein Sprechwunder und ein Hörwunder. Die Leute in Jerusalem verstanden, was die Apostel sagten, weil sie nicht eine Fachsprache, oder Sondersprache verwendeten, sondern die Sprache ihrer Zuhörer, mit der sie in deren Lebenswelt durchdrangen. Ihr großes Anliegen war, *persönliche Hingabe an Gott vorzuleben*. Apg. 2,33: „hat er diesen (den Heiligen Geist) ausgegossen, wie ihr hier seht und hört." Und Passivität war für die ersten Christen ausgeschlossen. Sie ermutigten einander. Der Umgang mit Gottes Wort und die Wirksamkeit von Gottes Geist prägte ihr Leben. Die Erwartung war darum berechtigt, *Leben ersichtlich zu verändern*. Apg. 2,42: „Sie blieben aber beständig in der

Lehre der Apostel und in der Gemeinschaft und im Brotbrechen und im Gebet." Selbstverständlich wurde es für derart Beschenkte dann auch, *verbindlich füreinander da zu sein.* Die Urgemeinde war kein Geschäft, sondern eine Familie, in der die einzelnen Mitglieder einander liebten, indem sie für einander sorgten. Und es war ihnen ein Bedürfnis, *fröhlich Gott anzubeten.* Apg. 2,46f: „Und sie waren täglich einmütig beieinander im Tempel und brachen das Brot hier und dort in den Häusern, hielten die Mahlzeiten mit Freude und lauterem Herzen und lobten Gott." Die ersten Christen sind zusammengekommen, um zu feiern. Gott anbeten bedeutete für sie feiern, und feiern bedeutete für sie, Gott anbeten. Ihre Anbetung zog andere an, die Freude suchten. Ansteckend dabei wirkte immer auch die Bereitschaft, *reichlich zu helfen.* Apg. 2,44f: „Alle aber, die gläubig geworden waren, waren beieinander und hatten alle Dinge gemeinsam. Sie verkauften Güter und Habe und teilten sie aus unter alle, je nachdem es einer nötig hatte." Die Urgemeinde war berühmt für ihre Freigebigkeit. Die gipfelte in der Bereitschaft, für den eigenen Glauben und für Gottes Familie sogar das Leben zu geben. Und so hielt die Urgemeinde stand. Sie war durchdrungen von Saft, der sie ganz *natürlich wachsen* ließ. Apg. 2,47: „und lobten Gott und fanden Wohlwollen beim ganzen Volk. Der Herr aber fügte täglich zur Gemeinde hinzu, die gerettet wurden." Ihre Ambitionen, Gott am Werk zu sehen, Gehör zu finden, mit Gott verbunden zu sein, von ihm umgestaltet zu werden, solidarisch zu leben, die Nähe Gottes zu spüren und diakonisch zu wirken, überwanden Begrenzungen und Hindernisse und befähigten die Urgemeinde dazu, Kontrastgesellschaft, „Licht und Salz der Welt" zu sein.[39] Den Leuten damals kamen die ersten Christen zwar auch immer wieder komisch vor, aber

---

[39] Mt. 5,13

sie schätzten, wie sie lebten. Sie spürten Gottes Gegenwart und wollten dann, was diese zu haben schienen.

Der größte Feind geistlicher Ambitionen ist die Erwartungslosigkeit. Diesen Stimmungskiller werden wir aber nur überwinden, wenn wir wollen, was die ersten Christen wollten und uns ihre Ambitionen zu eigen machen. Dabei verbindet sich Ambition mit Konzentration. Das Außergewöhnliche in der Gemeindeentwicklung können wir nur erreichen, wenn wir uns auf das Wesentliche beschränken. Nicht verteilte, sondern gebündelte Energie zum Beispiel in einem Laser schneidet sogar Metall. Ungerichtete Kraft verpufft. Darum bringt nicht die Bandbreite vieler Einzelinitiativen, sondern der kompakte Auftrag Jesu die Gemeinde vorwärts.

Elementarisierung ist angesagt, nicht zuletzt weil wir nicht mehr Zeit und Kraft für alles haben. Der Begriff stammt aus der Didaktik, wo Elementarisierung eine Reduktion bezeichnet, nämlich die Rückführung eines fachlichen Inhaltes auf einen grundlegenden Teilaspekt, durch den dieser Inhalt verständlicher wird. In der Kunst gibt es die Stilrichtung einer neuen Sachlichkeit, deren Werke sich schnörkellos und schlicht präsentieren. Übertragen auf Gemeindeentwicklung bedeutet das jetzt aber nicht, bei allem zu sparen und es sich einfach zu machen, sondern es geht um die Gewinnung von Freiräumen für Muße, Nachdenklichkeit und Kreativität, die eben nicht unter barocker Überladung und Verplanung gedeihen, sondern nur wenn es Puffer und Polster und keine Ablenkung gibt.

Als Illustration dient mir an dieser Stelle die Architektur der von John Pawson aus London innen neu gestalteten Moritzkirche in Augsburg. Sie steht mitten in der Stadt und ist umgeben von Straßencafes und Geschäften. Sie ist also gewissermaßen ganz nah bei den Menschen. Aber wenn man sie betritt, generieren klare Linien und Farben Stille, Ehrfurcht,

Einkehr, Öffnung. Nichts lenkt ab von dem besonderen Licht-einfall und von Christus, der origineller Weise einmal nicht als Gekreuzigter über allem hängt, sondern der Gemeinde als Auferstandener von vorne entgegenkommt. Seine Arme zei-gen: Kommt mit dahin! Ein Gotteshaus, das einlädt, eigenen inneren Ballast abzulegen. Dabei ist Altes aus früheren Epo-chen wie der Christus Salvator oder die Apostelfiguren nicht einfach entfernt, sondern ist weiterverwendet und geschickt positioniert mit der Neugestaltung verbunden worden. Was für eine eindrucksvolle bauliche Veranschaulichung einer ge-lungenen Kybernetik!

Die Moritzkirche in Augsburg

Elementarisierung von Gemeindeentwicklung, das verdeutlicht die Moritzkirche, heißt nicht, entweder nur Altes und Bewährtes oder nur Neues und Modernes dafür zu verwenden, sondern beides zu verbinden und zu integrieren.

Prototypisch elementarisiert gehört zuerst der Gottesdienst. Sein Zweck und seine Zielgruppe weisen die Richtung. Ähnlich verhält es sich mit den zahlreichen, nicht selten mit unnötigen Aufgaben überfrachteten und überforderten Kleingruppen in den Gemeinden. In ihnen müssten doch gar nicht unbedingt ganze biblische Bücher durchgenommen oder große dogmatische Fragen behandelt, sondern im Austausch reihum schlicht geistliche Gemeinschaft gepflegt werden. Und für die Anwendung geistlicher Prinzipien auf immer mehr Lebensbereiche benötigen Glaubende nicht komplizierte Vorträge, sondern vor allem die Vertrautheit mit den Grundbegriffen und Grundlagen des Glaubens. Die Gaben und Früchte des Geistes eignen sich dafür als Thema besser als Endzeitkalender, die Symbolik der Stiftshütte oder die Bedeutung bestimmter Zahlen in der Offenbarung. Glaubenskurse sollten Ankerkurse für Gestartete und Schleuderkurse für Gestrauchelte sein, die Spiritualität beziehungsweise

Glaubensstabilität einüben. Dienste ergeben sich oft logisch aus Problemen und Herausforderungen vor Ort und ihre sensible und gehorsame Annahme. Und auch für das Evangelisieren braucht es keine komplexen Strategien, sondern vielleicht einfach nur ein regelmäßiges Signal oder Ritual, das Menschen, die das Evangelium gehört haben, ermöglicht, konkret positiv darauf zu reagieren. Ein kirchlicher Schief- und Wackelbau lässt sich nur versuchsweise stabilisieren, aber nicht prototypisch elementarisieren. Der Prototyp Kirche hingegen verhilft zu mehr Wesentlichem in der Gemeindeentwicklung. Er begeistert mit seinen klaren Linien.

9. Grundentscheidung - nicht nur für Insider

Dass der Prototyp Kirche in Gemeindeentwicklungskonzepten so wenig nachwirkt, hat wohl auch mit Denkfehlern, Gedankenlosigkeiten und Verwechslungen zu tun, die alle den Zwischenruf provozieren: Überleg' mal! Zum Beispiel: Was soll ein Gottesdienst in anderer Form, wenn weder die Urform, noch die intendierte klar ist? Was soll Gemeinschaft als deklariertes Zentrum von praktisch allem in der Gemeinde, wenn es dann eigentlich nie genug Zeit dafür gibt, und sie regelmäßig nur ein Anhängsel ist? Was soll eine Jüngerschaft, die die Veränderung des Lebens und die Unterstellung der Lebensbereiche unter Christus Privatsache sein lässt und dem Zufall überlässt? Was sollen verwaiste Mitarbeiter ohne Mitarbeiterkreis, und was sollen unnötige Dienste, die die eigentlich angesagten ersetzen und nur ihren Erfindern gefallen? Was soll eine bis zur Unkenntlichkeit verpackte, verknappte und verkappte Evangelisation, die das Evangelium nie richtig und vollständig darlegt und keine Gelegenheit gibt, darauf zu reagieren? Können Einzelevents in der Gemeinde wirklich schon dadurch zu fruchtbaren geistlichen Prozessen erklärt werden, dass sie in einer gemeinsamen Aufzählung in einem Jahresbericht verbunden werden? Sind Bedürfnisse in der Gemeinde immer gleich als Erfordernisse zu handhaben? Wie ist zu erkennen, was man von dem, was man tun kann, auch tun soll? Ist die Form einer Gemeindeveranstaltung, die so wichtig geworden ist, dass sie selbst zum Inhalt geworden ist, der Mühe sowieso oft schon überanstrengter Mitarbeitender wert? Diese Unklarheiten, Ungereimtheiten und Gedankenlosigkeiten sind der Sand im Getriebe einer gesunden Gemeindeentwicklung. Die Besinnung auf die Bestimmung durch Gottes Auftrag könnte wirksam Abhilfe schaffen. Aber sie setzt gewissermaßen einen Paradigmenwechsel voraus, der allerdings immer schwerer fällt, weil er der gesellschaftlichen Orientierung entgegensteht: Nicht mehr von sich selbst ausgehen, sondern vom Gegenüber. Eigentlich ein schlichter biblischer Grundsatz: „Tut nichts aus Eigennutz oder um eitler Ehre willen, sondern in Demut achte einer den andern höher als sich selbst."[40] Trotz dieser klaren Ansage leiden viele Gemeindeglieder an einer sonderbaren „Geschmacksverirrung." Kirchliche Insider setzen oft voraus, dass Outsider mit dem, was Insidern gefällt, gewonnen werden können. Dabei muss doch der Köder dem Fisch und nicht dem Fischer schmecken. Und viele Insider merken überhaupt nicht, dass sie sich Outsidern gar nicht mehr wirklich zuwenden können, weil sie nur sich sehen und von sich selber ausgehen. Und dann kann es in Gemeinden vorkommen, dass unverständliche Fachsprache gesprochen, falsches Liedgut verwendet, Gewohntes favorisiert, der eigene Geschmack verabsolutiert, unbegreifliche Gewissheit proklamiert, peinliches Unverständnis erzeugt und Nachdenklichkeit durch Abschreckung verhindert wird. Der Tod im Topf ist, dass ganze Gemeinden oft nur entworfen sind für Insider. Und das vermittelt Outsidern: Die Kirche ist eine geschlossene Gesellschaft. Outsider folgern daraus: Wenn die Gemeinde hauptsächlich für Kirchenleute ist, dann ist auch das Christentum zu allererst für sie. Also: Jesus kam für Insider. Das ist zwar Unsinn, und kein Insider glaubt das wirklich. Trotzdem schaffen Insider immer wieder Umgebungen in ihren Gemeinden, die vor allem frisch zum Glauben Gekommene fernhalten, und ohne jedes Interesse an ihrer Ortsgemeinde völlig zufrieden sein lassen mit ihrer privaten Beziehung zu Gott. Aber wenn das Gemeindeleben nicht abbildet, dass Gott eben nicht nur die Kirche, sondern die Welt geliebt hat, dann ist Gottes Mission vergessen, und

---

[40] Phil. 2,3

dann können viele Menschen kaum auf den Geschmack und in den Genuss des Evangeliums kommen. Das hatte aber die Urgemeinde als Prototyp Kirche ganz anders beschlossen.[41]

---

[41] Apostelgeschichte 15,1-31: „Und einige kamen herab von Judäa und lehrten die Brüder: Wenn ihr euch nicht beschneiden lasst nach der Ordnung des Mose, könnt ihr nicht selig werden. Als nun Zwietracht entstand und Paulus und Barnabas einen nicht geringen Streit mit ihnen hatten, ordnete man an, dass Paulus und Barnabas und einige andre von ihnen nach Jerusalem hinaufziehen sollten zu den Aposteln und Ältesten um dieser Frage willen. ... Als sie aber nach Jerusalem kamen, wurden sie empfangen von der Gemeinde und von den Aposteln und von den Ältesten. Und sie verkündeten, wie viel Gott durch sie getan hatte. Da traten einige von der Partei der Pharisäer auf, die gläubig geworden waren, und sprachen: Man muss sie beschneiden und ihnen gebieten, das Gesetz des Mose zu halten. Da kamen die Apostel und die Ältesten zusammen, über diese Sache zu beraten. Als man sich aber lange gestritten hatte, stand Petrus auf und sprach zu ihnen: Ihr Männer, liebe Brüder, ihr wisst, dass Gott vor langer Zeit unter euch bestimmt hat, dass durch meinen Mund die Heiden das Wort des Evangeliums hörten und glaubten. Und Gott, der die Herzen kennt, hat es bezeugt und ihnen den Heiligen Geist gegeben wie auch uns, und er hat keinen Unterschied gemacht zwischen uns und ihnen, nachdem er ihre Herzen gereinigt hatte durch den Glauben. Warum versucht ihr denn nun Gott dadurch, dass ihr ein Joch auf den Nacken der Jünger legt, das weder unsre Väter noch wir haben tragen können? Vielmehr glauben wir, durch die Gnade des Herrn Jesus selig zu werden, ebenso wie auch sie. Da schwieg die ganze Menge still und hörte Paulus und Barnabas zu, die erzählten, wie große Zeichen und Wunder Gott durch sie getan hatte unter den Heiden. ... Danach, als sie schwiegen, antwortete Jakobus und sprach: Ihr Männer, liebe Brüder, hört mir zu! Darum meine ich, dass man denen von den Heiden, die sich zu Gott bekehren, nicht Unruhe mache, ... sondern ihnen vorschreibe, dass sie sich enthalten sollen von Befleckung durch Götzen und von Unzucht und vom Erstickten und vom Blut. ... Und die Apostel und Ältesten beschlossen samt der ganzen Gemeinde,

Beim Apostelkonzil in Jerusalem 49 n. Chr., einem ersten Kirchenbusinessmeeting, haben die ersten Christen zwar hart bis an den Rand einer Kirchenspaltung diskutiert, für wen die Gemeinde da ist, aber der Beschluss war dann genauso eindeutig wie mutig: Die Gemeinde ist für die Außenstehenden da! Weil schon Jesus sich gerade Outsidern zugewandt hat, darum muss man nicht erst so werden wie wir, wenn man zu uns gehören will, sondern Zugehörigkeit muss außer durch den Glauben ohne sonstige Vorbedingungen möglich sein. Der Pfingstprediger Petrus, der als Bremser zum Bahnbrecher mutiert war, schlug in dieselbe Kerbe mit seiner Erzählung von der Bekehrung eines sogenannten Heiden, der als Zaungast zum Insider geworden war. Petrus zog daraus den Schluss, dass das Evangelium und der Heilige Geist offensichtlich für alle Menschen da sind. Und der damalige Gemeindeleiter und Bruder von Jesus Jakobus brachte es dann

---

aus ihrer Mitte Männer auszuwählen
und mit Paulus und Barnabas nach Antiochia zu senden,
nämlich Judas mit dem Beinamen Barsabbas und Silas,
angesehene Männer unter den Brüdern.
Und sie gaben ein Schreiben in ihre Hand, also lautend:
Wir, die Apostel und Ältesten, eure Brüder, wünschen Heil
den Brüdern aus den Heiden in Antiochia und Syrien und Zilizien.
Weil wir gehört haben, dass einige von den Unsern,
denen wir doch nichts befohlen hatten,
euch mit Lehren irregemacht und eure Seelen verwirrt haben,
so haben wir, einmütig versammelt, beschlossen,
Männer auszuwählen und zu euch zu senden
mit unsern geliebten Brüdern Barnabas und Paulus, ...
Denn es gefällt dem Heiligen Geist und uns,
euch weiter keine Last aufzuerlegen
als nur diese notwendigen Dinge: dass ihr euch enthaltet
vom Götzenopfer und vom Blut und vom Erstickten und von Unzucht.
Wenn ihr euch davor bewahrt, tut ihr recht. Lebt wohl!
Als man sie hatte gehen lassen, kamen sie nach Antiochia
und versammelten die Gemeinde und übergaben den Brief.
Als sie ihn lasen, wurden sie über den Zuspruch froh."

auf den Punkt: Wir machen den Outsidern ihre Hinwendung zu Gott nicht schwer, sondern so leicht wie möglich. Wir legen ihnen keine Stolpersteine in den Weg, so dass sie verstört abdrehen, bevor sie überhaupt den Punkt einer Entscheidung erreicht haben. Nein, wir tun alles, was wir können, damit Menschen sich ungehindert immer weiter auf Gott zubewegen, denn Gott hat alle Menschen eingeladen. Um die judenchristlichen Hardliner nicht vor den Kopf zu stoßen und die Gemeinschaft mit ihnen nicht zu verlieren, wurde ihnen gegenüber als den Ersten zum Glauben Gekommenen zwar noch eine wichtige Rücksicht beschlossen, aber das Ergebnis der Zusammenkunft war trotzdem eindeutig: Weil die christliche Gemeinde für alle da ist, machen wir es niemandem schwer, hineinzukommen und dazuzugehören.

Der Beschluss, der samt Protokoll gleich im Anschluss an die Synode von einer Delegation zu den heidenchristlichen Gemeinden geschickt wurde, ist in seiner kirchengeschichtlichen Bedeutung gar nicht zu überschätzen. Wenn das Urchristentum damals im Sinne der judenchristlichen Hardliner entschieden hätte, wäre es wahrscheinlich als jüdische Sekte in der ersten Christenverfolgung untergegangen. Statt auf die Vergangenheit festgelegt zu bleiben, hat es sich für die Zukunft als Kirche entschieden. Eine Splittergruppe wurde zu dem, was Gott sich unter seinem Volk schon immer vorgestellt hat.

Nun würden diesen Beschluss des Apostelkonzils auch heute kirchliche Insider sofort unterschreiben: Wir sind selbstverständlich offen für alle! Aber dann bleiben sie doch wieder unter sich. Unbewusste Ekelschranken zwischen unterschiedlichen Milieus und der berühmte blinde Fleck oder ein toter Kommunikationswinkel verhindern, Outsider zu verstehen beziehungsweise von ihnen verstanden zu werden. Symptomatisch für dieses Dilemma ist ein Evangelisieren, bei dem

alles klar ist, und das meint, ohne jede Nachdenklichkeit aus-
zukommen. Statt die Fragen heutiger Zeitgenossen aufzuneh-
men und ernst zu nehmen, wird manchmal gleich mit der Je-
sustür ins Haus gefallen, obwohl in einer der berühmtesten
aller evangelistischen Predigten, nämlich der des Apostels
Paulus in Athen, nicht mit Jesus, sondern mit dem Schöpfergott des ersten Glaubensartikels angefangen wird und ständig
Anknüpfungspunkte gesucht und Verständnisbrücken gebaut
werden, damit überhaupt erst einmal klar wird, warum ein Erlöser notwendig ist.[42] Wird nämlich Jesus als Retter einfach
vorausgesetzt, wird sein Heilswerk zu einer selbstverständli-
chen Plattitüde und Erlösung zum Containerbegriff, der nach
Belieben und eigenem Gutdünken mit Vorstellungen von einem besseren Leben gefüllt wird. Jesus wird zur Projektions-
fläche für Glück und zum für Wohlbefinden zuständigen Ta-
lisman.

Es ist schon erstaunlich, wie weit man dem Prototyp Kirche
gegenüber ins Abseits geraten kann. Aber genau er hilft auch
wieder heraus. Und er erfordert diese Grundentscheidung:
Nicht nur für Insider.

---

[42] Apg. 17,16-34

10. Gottesdienst - Vollversammlung der Glaubenden

Weiterhin ist der Gottesdienst die zentrale christliche Veranstaltung. Darum kommt ihm im Rahmen einer auftragsbestimmten Gemeindeentwicklung eine ganz besondere Bedeutung zu. Und gerade auch der Gottesdienst gehört prototypisch elementarisiert. Gemeinden sitzen dabei allerdings manchmal in der Warte- und Wurstelfalle, in der sie weitermachen wie bisher, weil Gottes Wirken ja sowieso unverfügbar ist. Oder sie tappen in die Probierfalle, in der sie krampfhaft alles Mögliche testen. Die Gefahr ist groß, den Gottesdienst seinem eigentlichen Zweck zu entfremden und ihn, natürlich auch unter dem Druck des Besucherrückganges, als Spielwiese neuer, attraktiver Gestaltungsideen zu missbrauchen. Dabei ist vermehrte Stil- und Gedankenlosigkeit zu beobachten. Die alte, sinnvolle Unterscheidung von Ordinarium und Proprium eines Sonntages, also von dem, was als fixes Geländer und was als Variable des Gottesdienstes zu handhaben wäre, gerät immer mehr in Vergessenheit. Kontinuität und Spontaneität im Gottesdienst sind aus dem Gleichgewicht geraten. Auch die logische Reihenfolge und der innere Zusammenhang von liturgischen Elementen wie zum Beispiel von Kyrie, Gloria oder Credo ist oft nicht mehr ersichtlich, allerdings vielleicht auch nie vermittelt worden. Die Grundstruktur des Gottesdienstes als Dienst von Gott und als Dienst für Gott sowie der Zusammenhang von Sammlung und Sendung ist nicht wirklich erkennbar und erschließt sich den Teilnehmenden immer weniger. Zu unterschiedlich fällt die liturgische Umsetzung aus. Denn die einen hätten im Gottesdienst gern einen Rastpunkt zum Innehalten, die anderen wünschen sich einfach einen Treffpunkt zur Begegnung, wieder andere bevorzugen einen Aussichtspunk, der sie inspiriert, noch andere wollen einen Zielpunkt erkennen, der sie motiviert. Von Gottesdienstausschüssen und Liturgiekreisen wird darum intensiv, aber mit unterschiedlichem Erfolg gearbeitet an der Beteiligung der Gemeinde, am Gemeinschaftsgefühl, an der Überwindung von Steifheit und Unverständlichkeit. Alle Teilnehmenden sollen sich wenigstens *etwas* mitnehmen können. Eher weniger scheint die Elementarisierung der Verkündigung und die Vollmacht der Predigenden im Blick zu sein. Der deutliche Abstand vom Prototyp zeigt sich auch darin, dass kaum jemand mehr in aller Kürze sagen kann, wozu Gottesdienst eigentlich gut ist. Offensichtlich ist seine Funktion unklar geworden. Allseits wird der Besucherschwund vor allem traditioneller Gottesdienste beklagt. Aber ihn von seiner ursprünglichen Aufgabe her neu zu denken, kommt nur selten in Betracht. Stattdessen wird er ständig modernisiert. Leider werden dabei Plenum und Zielgruppe verwechselt und vertauscht. Und dann gibt es Zielgruppen beim Gottesdienst und Plenum bei der Evangelisation. Dabei gehörte es umgekehrt organisiert: Plenum beim Gottesdienst und Zielgruppen bei der Evangelisation. Das Neue Testament bietet ein ziemlich eindeutiges Bild: Der christliche Gottesdienst ist die Vollversammlung aller Glaubenden, die Familienfeier der Familie Gottes. Als der Tempel in Jerusalem noch stand, haben sich alle Christen dort zum Gottesdienst versammelt und erst danach in einem zweiten Schritt, aufgeteilt in Kleingruppen, hin und her in den Häusern getroffen.[43] Der Gottesdienst ist demnach gerade nicht nach Bedürfnissen von Zielgruppen zu splitten. Es ist zwar unerlässlich, zum Beispiel dem Parkbedürfnis von Gottesdienstbesuchern entgegenzukommen, und sie nicht in ungeheizten Kirchen frieren zu lassen. Aber das bedeutet nicht, Gottesdienst extra für

---

[43] Vgl. Apg. 2,46: „*einmütig* beieinander im Tempel ... und in den Häusern"

Parker oder Frierer anbieten zu müssen. Weil Glaubende von ihrer geistlichen Einstellung her von der Befriedigung ihrer Bedürfnisse auch einmal absehen und Rücksicht auf die Bedürfnisse anderer nehmen können, wäre ihnen zuzutrauen und zuzumuten, vor allem beim Gottesdienst und beim Abendmahl auf alle Fälle zusammenzubleiben und auch die Lieblingslieder anderer gerne mitzusingen, oder die Unruhe von Kleinkindern fröhlich auszuhalten. Das ist von Outsidern so nicht zu erwarten. Ihnen gegenüber spielt Diversifikation und Bedürfnisbefriedigung eine völlig andere Rolle. Aber ihnen ist ja auch nicht der Gottesdienst anzubieten, sondern eine eigene, auf sie zugeschnittene evangelistische Veranstaltung, allerdings mit der richtigen Bezeichnung.

Ein Scater- oder Seakerservice für Suchende zum Beispiel sollte nicht als Gottesdienst bezeichnet werden. Das ist missverständlich, ja irreführend. Solche frischen Ausdrucksformen (fresh expressions) einer bei Outsidern auftauchenden Kirche (emerging church) sind sinnvoller Weise als missionarische Initiativen zu begreifen und nicht gleich als Zusammenkünfte für die Anbetung Gottes. Der Apostel Paulus hat bei seinem Dienst das Lehren (didaskein) in einer Versammlung der Glaubenden von der missionarischen Verkündigung, der öffentlichen Proklamation des Evangeliums (keryssein), oft unter freiem Himmel, unterschieden.[44]

Dabei ist Paulus klar gewesen: Wenn sich wie auch immer ein Outsider in einen Sonntagsgottesdienst verliert, ist er ja trotzdem nicht fehl am Platz, kann er doch gerade durch die besondere, von der Gegenwart Gottes und seiner Anbetung bestimmte gottesdienstliche Atmosphäre für den Glauben geöffnet und gewonnen werden, auch wenn der Gottesdienst nicht extra für ihn entworfen ist.[45] Aber das ist ein „Produkt",

---

[44] Eickhoff a.a.O. S. 84f Vgl. Apg. 18,11 10,42 8,5 20,20+25
[45] Vgl. 1. Kor. 14,24+25

das nicht geplant wird, sondern nebenbei abfällt, und auch nur dann, wenn eine Mehrheit von Glaubenden anwesend ist, durch die eine solche Atmosphäre überhaupt erst entsteht. Eine gottesdienstliche Gemeinde, die sich vor allem im landeskirchlichen Kontext immer wieder als corpus permixtum,[46] als eine durchmischte, geistlich nicht homogene Größe darstellt, muss also an diesen uneinheitlichen Verhältnissen nicht verzweifeln. Sie muss sich dessen nur bewusst sein und darauf eingestellt sein. Und vielleicht sollten Gemeinden es im Sinne einer prototypischen Elementarisierung auch nicht zu schnell aufgeben, die ideale Gottesdienstzeit zu finden. Wenn genug Gemeindemitglieder dabei mitreden können, und allen klar ist, worum es geht, nämlich *nicht* zuerst um das eigene, persönliche Interesse, müsste eigentlich etwas Tragfähiges dabei herauskommen, was zweite und dritte gottesdienstliche Programme überflüssig macht. Geistlich betrachtet bedeutet Elementarisierung, kybernetisch das zu tun, was Gott segnet, also ihn nicht nur immer (ab)segnen zu lassen, was wir tun. Das heißt aber, ihn vorher danach zu fragen. Und womit wird er wohl antworten? Sicher nicht mit einem überladenen Maßnahmenkatalog. Eins ist not.

Ich plädiere also für eine auf das Wesentliche reduzierte gottesdienstliche Liturgie und für eine Rekonstruktion der Kirchenmusik. Wechselgesänge zum Beispiel erscheinen mir entbehrlich, sind sie doch auch musikalisch oft nicht wirklich wertvoll. Als klassische Stücke der Messe sollten sie jedoch als Grundgerüst, das Struktur gibt, und als Geländer, das Halt verleiht, beibehalten werden. Gloria Patri, Kyrie, Gloria, Amen, Halleluja, Sanctus, Agnus Dei ließen sich viel variabler durch musikalisch und textlich interessante Liedstrophen aus neueren Anbetungsliederbüchern aber auch wunderbar

---

[46] Vgl. Confessio Augustana Art. 8 Was die Kirche sei?

aus dem regulären Gesangbuch gestalten: Ein reines Herz, Herr schaff in mir ... Deiner Güte Morgentau fall auf unser matt Gewissen ... Allein Gott in der Höh sei Ehr ... Großer Gott, wir loben dich ... Amen, das ist: Es werde wahr ... In dir ist Freude ... Gott ist gegenwärtig ... gibt sich dran, unser Lamm zu werden ... In der Kombination solcher Strophen entsteht auch in einem traditionellen Gottesdienst ein richtiger, und vielen immer wichtiger werdender Anbetungsteil, der Gottes Familie in Gottes spürbare Gegenwart bringt. Nichts spricht gegen eine elementare Mischung von unterschiedlichen Musikstilen. Die Verbindung von Klassischem und Zeitgenössischem ist doch allemal besser, vor allem abwechslungsreicher, als „Winkelmessen" mit Nischenmusik. Lediglich für textlich, inhaltlich und melodisch scheußlich Schlechtes gibt es kein Verständnis. Einfach nur gut hat Singen und Spielen in der Kirche zu sein und funktional, in erster Linie dem gottesdienstlichen Leben zugeordnet. Die jüngst vermehrt in Gemeinden dargebotenen Musicals erfüllen diese Bedingung immer weniger. Sie haben sich als Großveranstaltungen verselbständigt. Der Bilderrahmen ist dabei viel größer als der Inhalt. Die Form wird mit dem Inhalt verwechselt. Mit riesengroßem Aufwand wird sehr viel äußere Show geboten und trotz biblischer Motive lediglich verkniffen evangelisiert mit Josef, Esther oder Luther.

Ich vergleiche den sonntäglichen Gottesdienst mit einem Omnibus. Omnibus heißt „für alle." Ein Omnibus holt alle ab und nimmt alle mit. Damit der Gottesdienst zu einem Omnibus, zu einer Vollversammlung von Gottes Familie wird, gehört er theologisch sensibel gestaltet in der Absicht: Gelobt soll Gott werden. Nichts und niemand sollte diese Absicht schmälern. Allein schon durch diese Grundausrichtung ist eigentlich jeder Gottesdienst als Festgottesdienst zu feiern, nicht nur spezielle an hohen Feiertagen. Organisatorisch gehört er flexibel gestaltet zum Beispiel bei den Beginnzeiten. Die Menschen müssen die Vorsicht spüren und merken. Angelockt soll werden: Die Organisatoren *haben* verstanden. Unsere Bedürfnisse werden respektiert. Liturgisch gehört der Gottesdienst plausibel gestaltet mit der Rücksicht der Akteure: Angedockt soll werden. Wir *werden* verstanden. Abläufe sind nachvollziehbar. Bei uns wird nicht nur informiert über etwas, sondern es passiert auch etwas. Musikalisch schließlich gehört ein Gottesdienst variabel gestaltet mit der Aussicht: Auch gerockt kann werden. Wir singen verschieden aber verbunden. Solange es schön ist, kann es alt oder neu sein. Wir erlauben uns gegenseitig unsere Vorlieben und singen bei denen anderer mit.

Wozu Gottesdienst? ... „die Glaubenden ... sollen die Liebe Gottes neu empfinden, sich ihrer Zugehörigkeit zu Gott neu freuen und ihrer wieder vergewissert werden. Weil diese Empfindung, diese Freude und diese Gewissheit nicht selbstverständlich ist und unter der Woche verlorengehen kann, gehört sie aufgefrischt. Der Gottesdienst ist das Fest der Erneuerung der Gemeinde. Darum findet er auch in der Regel am Sonntag statt, am Tag der Erneuerung schlechthin, am Tag der Auferstehung Jesu. Gottesdienst ist nicht nur zeitlich, sondern charakterlich morgendlich erfrischend eben österlich. Und so wie das erste Ostern die Schar der Jesus Nachfolgenden einfach nur überzeugt hat, so soll jeder Gottesdienst die Glaubenden im Zeichen von Ostern stärken und „konfirmieren." Gottesdienst ist Konfirmation, und Konfirmation ist Gottesdienst."[47]

---

[47] Siehe S. 42

11. Wie wieder Glauben aus der Predigt kommt

Produktives Weiden der Herde Gottes geht einher mit guter Predigt. Im Zentrum aller Elementarisierung steht darum die Verkündigung. Weil im Gottesdienst aus der Bibel gepredigt, in Kleingruppen mit der Bibel ermutigt, zur Nachfolge durch die Bibel gerufen, sowie zum Dienst in der Bibel motiviert und zum Glauben an den Christus der Bibel eingeladen wird, darum benötigt die Verkündigung von Gottes Wort als Kommunikation des Evangeliums bei der Gemeindeentwicklung besondere Aufmerksamkeit und Sorgfalt. Wenn die Attraktivität der Predigt sinkt, wird die Kirche auf Dauer leerer. Und wenn die Kirche leerer wird, dämpft das die Motivation zu predigen. Dabei ist es keinesfalls so, dass nur Starprediger erfolgreich Gottes Herde weiden können, aber wenn Predigten niemanden nähren und rühren, sind sie entbehrlich. Der Jugendpfarrer Theo Lehmann empfahl, jede Predigt mit zwei Fragen zu analysieren: Hat sich jemand beschwert? Hat sich jemand bekehrt? Beim Ergebnis „Niemand" folgerte er im Reim: Dann war die Predigt wohl nicht viel wert. Lehmann beobachtet eine „gespenstische" inhaltliche Belanglosigkeit von Gottesdiensten. Er referiert dazu einen sinnigen Predigtanfang in einer reichlich mit Obst und Gemüse geschmückten Kirche: „Liebe Gemeinde! Heute ist Erntedankfest!" Und er bezeichnet sich selbst als „bedient" von wunderlichen Formeln wie „Lasset uns beten." Am Ende resigniert Lehmann: „Ich passe nicht in die Kirche."[48] Klaus Eickhoff meinte noch im alten Jahrtausend, in zu vielen Predigten „Misstöne" zu hören, und hat 15 Kennzeichen zum Beurteilen von Predigten zusammengestellt: Menschenschelte statt Gotteslob, Christus

---

[48] Vgl. Theo Lehmann: Freiheit wird dann sein, Neukirchen-Vluyn 2005
Ders.: Ich wollt', ich wär' ein Teppich, Neukirchen-Vluyn 1990 S. 85-93

vertreiben statt bringen, Glauben verhindern statt wirken, private Enge statt prophetische Weite, Nebel statt Klarheit, Moral statt Gesetz, Ideologie statt Evangelium, Bedingungen statt Konsequenzen, Inquisition statt Barmherzigkeit, über Liebe nur reden statt Liebe schenken, von Menschen fordern, was Gott tut, von Gott erwarten, was Menschen sollen, Jesus als Vorbild statt Retter, Problemlöser statt Erlöser, Appelle statt praktische Hilfen, Überforderung statt Herausforderung.[49] Und in seiner Dissertation hat er bereits im Titel „Harmlos Kraftlos Ziellos" treffend die Krise der Predigt beschrieben.[50]

Wie kann wieder mit Vollmacht gepredigt werden? Zunächst gilt es zu verstehen, was mit Vollmacht gemeint ist. Vollmacht ist eine an einen Auftrag gebundene und von ihm abgeleitete Handlungsberechtigung, durch die ein Gesandter wie der Sendende ist.[51] Jesus ist mit seiner Verkündigung, seinen Heilungen und Dämonenaustreibungen der Träger von Vollmacht schlechthin, ist aber mit seiner Vollmacht nicht Solist geblieben, sondern hat seine Jünger ausgesandt und bevollmächtigt: „Wie mich mein Vater gesandt hat, so sende ich euch." „Wer euch hört, der hört mich."[52] Vollmächtige Verkündigung ist wirksame Verkündigung, die die Hörer scheidet in solche, die sich öffnen und solche, die sich verweigern. Insofern ist sie eine unverfügbare Wirkung des Geistes, die niemals mit Überredung und Überwältigung einhergehen kann. Vollmacht kommt aus der Stille. Nur wer gehört hat, hat etwas zu sagen und spricht dann auch nicht nur darüber,

---

[49] K. Eickhoff: Die Predigt beurteilen, Wuppertal 1998 S. 64-195
[50] Ders.: Harmlos Kraftlos Ziellos Die Krise der Predigt- und wie wir sie überwinden, Witten 2009
[51] Vgl zum Folgenden: M. Herbst: Mit Vollmacht predigen, in: Theologische Beiträge 98-3 Wuppertal 1998 S. 60-73
[52] Joh. 20,21 Lk. 10,16

sondern spricht es zu. Bei der Erneuerung des Gottesdienstes wird es entscheidend darauf ankommen, ob man denen, die in ihm das Wort ergreifen, abspürt, dass Gott zuerst auch ihnen dienen konnte, und dass die Predigenden selbst die ersten Beschenkten und Betroffenen, die ersten Gerichteten und Aufgerichteten des Bibelwortes sind, das sie verkündigen.[53] Jesu Beauftragte sind seine Bevollmächtigten, die aber deshalb von ihrer Verkündigung auch etwas erwarten dürfen.

Auftragsgewissheit und Auftragsbestimmtheit fördern Gemeindewachstum und Predigtvollmacht. Statt schädliche Fast Food-, hohle Windbeutel-, dünne Suppe-, enttäuschende Häppchen-, fade Kaugummi-Predigten, gibt es dann knusprige Brötchen-, nahrhafte Müsli-, frische Kräuter-, würzige Soßen-, knackige Salate-Predigten.

Viel zu oft wird Verkündigung wegen ihrer Sprachlichkeit nur als Vortrag aufgefasst und als lediglich durch ihre besondere Intensität von ihm unterschiedene Rede. Dabei ist eine Predigt nur äußerlich ein Vortrag und formal eine Rede. Eigentlich ist sie ein Ereignis. Es wird dabei nicht nur *über* den Glauben gesprochen, sondern in den Glauben mitgenommen. Eine Predigt inszeniert ein Sprachereignis, von dem erwartet werden darf, dass Gott höchstpersönlich redet. Verkündigung basiert auf dem Zusammenwirken von Gottes Geist und menschlicher Rede in „theonomer Reziprozität."[54] Verkündigung handelt. Sie ist nicht nur eine Mitteilung, sondern ein „dynamisches Machtgeschehen"[55] mit einer Wirkmacht, deren Subjekt Gott selbst ist.

---

[53] Th. Sorg: Evangelischer Gottesdienst zwischen Erneuern und Bewahren, in: Theologische Beiträge 84-1 Wuppertal 1984 S. 64
[54] „Gottbestimmter gegenseitiger Bezogenheit"
Vgl. R. Bohren: Predigtlehre, München 1980 S. 76
[55] M. Josuttis: Zit in V. A. Lehnert: Kein Blatt vor´m Mund, Neukirchen-Vluyn 2010 S. 16

Predigt teilt in einem performativen Sprechakt nicht nur Information mit, sondern teilt Perlokution aus.[56] Wer verkündigt ist wie ein „Hahn, der den neuen Tag ansagt."[57]

Das setzt bei denen, die predigen, einiges voraus zum Beispiel die „Verstoffwechselung" der Bibel. Was Predigenden selbst nicht wichtig ist, kommt nämlich auch nicht rüber. Natürlich müssen sie auch verstehen, was dasteht, um verstehen zu können, was in ihrem Text drinsteht. Und dann haben sie ihren Text verstanden, wenn sie die Frage formulieren können, auf die er Antwort gibt. Der verzweifelte Versuch, den Text zum Leben zu erwecken, entfällt, wenn Predigende selbst sich von ihm haben erwecken lassen. Rezeptionsästhetik und Sprachphilosophie haben zudem zu Tage gefördert, dass Zuhörer das mitnehmen, an dessen Bedeutung sie konstruktivistisch durch Sinnzuschreibungen mitwirken können.[58] Die Fremdheit biblischer Texte erweist sich dabei als gewinnbringende Chance für die Predigt, kann sie doch bei Menschen, die kommen, wo es was zu entdecken gibt, als interessante Entdeckungsreise fungieren.

Was auf alle Fälle in keiner Predigt vorkommen sollte, ist der Allgemeinplatz, bei dem alle nicken, um dann einzunicken, oder die Flucht in die Frage und in den Konjunktiv der Unverbindlichkeit. „Sollten wir nicht noch mehr ...?" Was gepredigt wird, muss gelten, andernfalls gilt es nichts.[59] Absichtslose, einfallslose und spannungslose Predigt, wo alle wissen, was jetzt wieder kommt, ist unzumutbar. Eine Predigt muss ihr Geld wert sein. Als konzertantes Ereignis gleicht sie einer musikalischen Darbietung. Und diese belehrt nicht über

---

[56] „Durchsprechung" Vgl. Lehnert a.a.O. S. 15
[57] Ebd. S. 19
[58] Lehnert a.a.O. S. 25
[59] Ebd. S. 47

Musik, sondern bringt sie zur Aufführung.[60] Volker Lehnert macht sich in seinem Buch mit dem bezeichnenden Titel „Kein Blatt vor'm Mund" stark für das freie Predigen. Er argumentiert: Wer ein Manuskript anstarrt, kann seine Zuhörer nicht im Blick haben. Wer hingegen frei spricht, kann sich während seiner Rede auf seine Zuhörer einstellen, weil er im wahrsten Sinn des Wortes Rede *und* Antwort steht. Das Geheimnis einer freien Predigt sieht Lehnert in einem vollen Herzen, das den Mund übergehen lässt (Lk. 6,45) und ganz praktisch in einem Manuskript, das zum Stichwortzettel abgespeckt ist.[61] Ohne vollmächtige Verkündigung gibt es jedenfalls keine auftragsgemäße Gemeindeentwicklung. Geistlicher und sprachlicher Konkurs auf der Kanzel zieht am Ende den Gemeindekonkurs in der Kirche nach sich.

Ohne den Prototyp Kirche wird in ihr nur palavert. Gottes Herde aber braucht mehr als leere Worte. Davon wird sie nicht satt. Der Herde Gottes gehört so schmackhaft gepredigt, dass sie sich statt bei einem Abriss wie auf einer grünen Aue vorkommt. Der Prototyp Kirche machte das beredte Schwärmen von ihm jedenfalls leichter.

---

[60] Ebd. S. 27
[61] Lehnert a.a.O. S. 79ff

12. Prototypisches Organigramm

„Wird schon schiefgehen" qualifiziert Gemeindeentwicklung als reine Glücksache. Aber beim Weiden von Gottes Herde sollte man gerade nicht alles dem Zufall überlassen, sondern ordentlich organisieren. In Firmen und Betrieben stellen Organigramme die Handlungsabläufe und Verantwortungsebenen der gemeinsamen Arbeit graphisch dar. Sie bilden Zuständigkeiten ab und dienen der Orientierung aller Mitarbeitenden. Organigramme finden auch in Gemeinden, vor allem in größeren mit vielen haupt- und ehrenamtlichen Mitarbeitenden, immer mehr Eingang. Vielleicht sind sie dort auch besonders wichtig, weil eine Institution mit hauptsächlich Freiwilligen viel schwieriger zu leiten ist als eine mit bezahlten Angestellten.

Ein auftragsgemäßes Gemeinde-Organigramm "gipfelt" meiner Meinung nach im Gottesdienst, der über allem anderen steht als erste, große Gestaltungs- und Koordinationsaufgabe in einer Gemeinde. Und es "basiert" auf einem regelmäßig stattfindenden Mitarbeiterkreis, der zwar mittlerweile von Teambesprechungen abgelöst wird, der aber vom Pionier der Gemeindeentwicklungsbewegung Fritz Schwarz schon vor 40 Jahren als zentral betrachtet worden ist.[62] Außerdem erklärt das vorgelegte Organigramm, welchen Sinn Gebetsgruppen und Hauskreise haben. Sie sind notwendig, weil im Gottesdienst nicht alle für einander und miteinander beten sowie geistliche Gemeinschaft nach dem Neuen Testament leben können. Der Gottesdienst ist dafür schlicht und einfach zu groß. Im Gottesdienst und in den Kleingruppen einer Gemeinde bekommen die Glaubenden, die Ermutigung, die sie

---

[62] F. Schwarz R. Sudbrack: Überschaubare Gemeinde 2 Die Praxis, Gladbeck 1980 S. 24ff

für ihr geistliches Leben brauchen. Aus der Sammlung der Glaubenden im Gottesdienst ergibt sich ihre Sendung zum Dienst. Diese konkretisiert sich in Dienstgruppen. Von denen gibt es drei verschiedene Arten, denen die Gemeindeaktivitäten logisch zugeordnet sind: Dienstgruppen für Integration kümmern sich um bestimmte Gruppen bedürftiger Menschen. Der Diakoniebegriff ist dabei weit gefasst: Mehr für mehr sorgen. Bewusst in der Mitte stehen die Dienstgruppen für Evangelisation. Und natürlich gibt es auch Dienstgruppen für Organisation. Im alles andere tragenden Mitarbeiterkreis werden in drei Teilen alle Gemeindeveranstaltungen koordiniert, berichtet und nachbetrachtet, die Prinzipien des geistlichen Lebens behandelt und die Strategien für die Gemeindeentwicklung justiert. Der Mitarbeiterkreis unterteilt sich wie der Gottesdienst und die Dienstgruppen in Gremien, Arbeitskreise und Ausschüsse. Im Mitarbeiterkreis bekommen die Mitarbeitenden die Zurüstung, die sie für ihren gemeindlichen Dienst brauchen. Aus diesem Organigramm ergibt sich je nach Umfeld ein fünfköpfiger presbyterialer Leitungsausschuss mit einem Gottesdienst-, Integrations-, Evangelisations-, Organisations- und mit einem Minister, der die Mitarbeitenden leitet.

Weg vom Kirchenkollaps führt auch Ordnung. Wer Unordnung nicht ordnet, ordnet Unordnung. Wer Durcheinander nicht organisiert, organisiert Durcheinander. Wer Chaos nicht wegschafft, den schafft es weg. Der Prototyp Kirche räumt auf.

Gottesdienst
Die Vollversammlung aller Glaubenden
Ermutigung für das geistliche Leben
Gott freut sich an uns. Wir freuen uns an Gott.
Unterteilung in:
Kleingruppen Gemeinschaft

Gebetskreise

GEMEINDE ORGANIGRAMM

Hauskreise

Dienstgruppen
für Integration für Evangelisation für Organisation
betreuen   laden zum Glauben ein   stellen bereit
(diakonisch)

Mitarbeiterkreis
Die Vollversammlung aller Mitarbeitenden
Zurüstung für den gemeindlichen Dienst
Rückblick Ausblick Jüngerschaftsimpuls:
Wachsen im Glauben - Werden wie Jesus
Perspektiven und Strategien des Gemeindeaufbaus
Unterteilung in:
Leitungsgremien Ausschüsse

„Vorstand"

„Aufsichtsrat"

Kinder Jugend Schüler

Bedürftige

Außenstellen Ökumene

an Lebensübergängen

Zielgruppen

Missionarische Initiativen

Glaubenskurse

Weltmission

Pfarramt Finanzen Verträge Gebäude Friedhof

Programmgestaltung Kreativ Musik Lektoren

Infrastruktur Räume Verpflegung Technik Küster

Öffentlichkeitsarbeit Social Media Printmedien

13. Eine neue theologische Ausbildung

Für das Weiden der Herde Gottes braucht man eine Ausbildung. Nur wo lernt man wirksame Gemeindeentwicklung? Es scheint zum guten Ton noch aller Absolventen welches Studiums auch immer zu gehören, sich in den ersten Zeiten der Berufspraxis darüber zu beklagen, wie wenig das eigene vielsemestrige Studium wirklich auf den Berufsalltag vorbereitet hat. Ausbildende und Lehrende betonen dagegen die Zweckfreiheit und Unabhängigkeit der Wissenschaft. Trotzdem gibt es zu denken, wenn im Kirchendienst Stehende auch nach etlichen Dienstjahren immer noch behaupten, das Meiste ihrer pfarramtlichen Tätigkeit autodidaktisch erst mit der Zeit und aus Erfahrung gelernt zu haben. Und auch Gemeinden sind mitunter nicht zufrieden mit den Kompetenzen, die Theologen im Studium erworben haben, weil sie sich viel zu wenig decken mit dem, was vor Ort im Alltag einer Gemeinde gebraucht wird. Universitäre Ausbildung und pfarramtlicher Dienst sind nicht optimal aufeinander abgestimmt. Im Fachgebiet der praktischen Theologie spielt das Thema Gemeindeentwicklung keine große Rolle, und eine am Auftrag Jesu orientierte schon gleich gar nicht. Kybernetik wird allenfalls in einem der Crashkurse im Predigerseminar getrieben.[63] Kein Wunder, wenn solch ein Ausbildungssystem keine Fachleute der Gemeindeentwicklung hervorbringt. Das Problem ist, auf den Punkt gebracht, das gespaltene Verhältnis universitärer Theologie zu ihrer eigenen Urkunde. Wenn bestimmte Bibeltexte aber nicht mehr sagen dürfen, was sie

---

[63] Eine Ausnahme bildet das von Prof. Michael Herbst gegründete Institut zur Erforschung von Evangelisation und Gemeindeentwicklung an der Theologischen Fakultät der Universität in Greifswald.

sagen wollen, wenn die Anwendung biblischer Prinzipien auf heutige kirchliche Praxis als zu einfach abgelehnt wird, und wenn nach erfolgter Entmythologisierung und „Zerklärung" der biblischen Texte lediglich auf den Placeboeffekt dessen gehofft werden muss, was von ihnen vielleicht noch übrig ist, darf man sich über leere Kirchen und unbesetzte Pfarrstellen nicht wundern. Mit ihrer Produktungewissheit aufgrund eines bezweifelten Zertifikates[64] marginalisiert sich die Kirche selbst. Nun haben bibeltreue Kreise mit eigenen Seminaren längst alternative Ausbildungsangebote gemacht, die allerdings wegen aus kirchlicher Sicht mangelnder Wissenschaftlichkeit meistens nicht als gleichwertig anerkannt werden. Da die zermürbenden Grabenkämpfe beziehungsweise die frechen Missachtungen zwischen dem sogenannten liberalen und evangelikalen Lager nicht weiterhelfen, erlaube ich mir einen neuen Vorschlag zu machen, der sogar ohne zweite Bildungswege oder seminaristische Parallelstrukturen auskäme und die Lager aus ihrer Isolation herausführen könnte: Ein grundlegend reformiertes, neu ausgerichtetes Theologiestudium.

Warum soll es an der Universität nicht wie etwa angewandte Mathematik oder angewandte Physik eventuell sogar neben der etablierten Theologie auch angewandte Theologie geben im Sinn einer Relevanztheologie, die die Bedeutung ihrer wissenschaftlichen Erkenntnisse für die kirchliche und gemeindliche Praxis in den Mittelpunkt ihrer Forschung stellt? Das hieße, Theologie vom Fachbereich der praktischen Theologie her neu zu entwerfen und zu betreiben. Erscheint die

---

[64] Andere haben viel mehr Wertschätzung für ihre Texte. So bezeichnete der österreichische Bundespräsident Alexander van der Bellen die österreichische Verfassung stolz als schönen und „eleganten" Text, mit dem man gut auch durch eine Regierungskrise steuern könne.

praktische Theologie mit ihren Teilbereichen Poimenik (Seelsorge), Homiletik (Verkündigung) und Katechetik (Unterweisung) bisher eher als Anhängsel an die historische, exegetische und dogmatische Theologie, so würde sie jetzt zum Dreh- und Angelpunkt, und als Relevanztheologie das Pferd zwar von hinten aufzäumen, aber die Theologie insgesamt vom Kopf auf die Füße stellen. Keinem Geringeren als Friedrich Schleiermacher schwebte bereits im 19. Jahrhundert eine der „Kirchenleitung" zugeordnete Theologie als kirchliche Wissenschaft vor, die alle theologischen Disziplinen auf eine bestimmte geschichtliche, durch die Kirche verkörperte Glaubensweise ausrichten sollte.[65] Für Schleiermacher sprach diese kybernetische Zweckdienlichkeit der Theologie nicht gegen ihre Wissenschaftlichkeit. Er plädierte mit der Entthronung der spekulativen Dogmatik seiner Zeit für eine Transformation der Theologie in eine positive, empirische Wissenschaft, deren authentische Grundlage schlicht und einfach die kirchliche Frömmigkeit ist. Schleiermacher definierte sein Zentrum folgendermaßen: „Die Frömmigkeit, welche die Basis aller kirchlichen Gemeinschaften ausmacht, ist rein für sich betrachtet weder ein Wissen noch ein Tun, sondern eine Bestimmtheit des Gefühls oder des unmittelbaren Selbstbewusstseins."[66] Also das, was die einzelne Seele und die Kirche insgesamt mit allen ihren Seelen wirksam nach vorne lenken kann, gehört ins Zentrum des Theologiestudiums.
Aber bis heute bilden gleich an seinem Anfang drei schwere Bergetappen in Form eines ausgewachsenen Hebraicums und

---

[65] F. Schleiermacher: Kurze Darstellung des theologischen Studiums zum Behuf einleitender Vorlesungen 1830²
in H. Bolli: Schleiermacher Auswahl, München Hamburg 1968 S. 15-19
[66] Ders: Der christliche Glaube nach den Grundsätzen der evangelischen Kirche im Zusammenhange dargestellt, Berlin 1830/31²
neu herausgegeben von M. Redeker, Berlin 1960 Bd. I § 3

eines klassischen Graecums sowie gegebenenfalls eines Latinums erst einmal einen völlig anderen „Schwer"punkt. Natürlich soll Griechisch nicht wegfallen, aber es könnte auf das neutestamentliche beschränkt werden. Und natürlich sollen die großen theologischen Fragen nicht nur in groben Übersichten überflogen werden. Aber sie könnten elementarisiert in repräsentativen Querschnitten statt ausführlichen Längsschnitten behandelt werden. Die Aneignung der für die Gemeindepraxis unerlässlichen Kompetenzen[67] sollte jedenfalls nicht nur eingeschobenen Praktika, sondern dem Hauptstudium zugeordnet sein und in den Prüfungen ein entsprechendes Gewicht bekommen. Also *schon* mehr Kybernetik als Apologetik, mehr Rhetorik als Grammatik, mehr Gymnastik als Systematik, mehr Mystik als Patristik, mehr Informatik als Scholastik und mehr Mimik und Gestik in der Liturgik. Das theologische Meisterstück sollte vielleicht nicht mehr eine Diplomarbeit, sondern ein Gemeindeprojekt sein. Jedenfalls wäre es wegen des gleichzeitigen Vorkommens unterschiedlicher Frömmigkeitsformen und Bibelzugänge in fast jeder Gemeinde unbedingt erforderlich, dass alle Studierenden nicht nur mit dem theologischen Mainstream, sondern auch mit konträren Standpunkten vertraut sind. Echte, gründliche, gut moderierte theologische Auseinandersetzung kommt aber sowohl an den theologischen Fakultäten als auch an den alternativen Ausbildungsstätten viel zu kurz. Hingegen wird durch Selbstvergewisserung die Abschottung im eigenen theologischen Lager vorangetrieben und mit Zulassungsbeschränkungen und Anerkennungsverweigerungen manchmal schon fast maffiaartig theologische Linientreue regelrecht erpresst. Man mag Schleiermacher die Psychologisierung der

---

[67] In der Pädagogik geht es schon länger nicht mehr nur um reine Wissensvermittlung, sondern vermehrt um den Erwerb von Kompetenzen.

Theologie vorwerfen. Seine Idee der Speisung der Theologie aus der für die Gemeindelenkung relevanten praktischen Theologie könnte wie damals über den endlosen Streit zwischen Rationalismus und Supranaturalismus, auch heute über den unseligen Kampf zwischen historisch-kritischem und „fundamentalistischem" Bibelverständnis hinausführen und dabei als „Servolenkung" die Gemeindeentwicklung wesentlich erleichtern. Dann gäbe es in Gemeinden auch weniger Aufpasser auf die Reinheit der Lehre beziehungsweise auf die Unabhängigkeit der Wissenschaft, die sich mit dieser „Lebensaufgabe" nirgends einbringen wollen und einfügen können. Als selbsternannte Wächter behindern sie, oft ohne es zu merken, die Maßgabe des Prototyps Kirche. In der permanenten Bekämpfung der Gegenposition verlieren sie ihre Gemeindeentwicklungskompetenz und landen beide zwangsläufig in der Bibeluntreue. Eingeigelt in die eigenen Denkvoraussetzungen können und wollen sie irgendwann nicht mehr auch nur eine einzige ihrer Überzeugungen mit einem Bibelwort begründen. Nicht selten geht es bei diesen Grabenkämpfen um nichts anderes als um die Macht. Abhilfe schaffte aber auch hier wieder nur eine prototypische Gemeindeentwicklung. Sie ist die beste Erwiderung und das glaubwürdigste Zeugnis kritischen Außenstehenden, argwöhnischen Kirchenleitungen und solchen gegenüber, die sowieso an allem etwas auszusetzen haben.

Weniger kirchlichen Schief- und Wackelbau gibt es jedenfalls nur mit einem Theologiestudium, das die Entwicklung der Serienreife des Prototyps Kirche für die Gemeinden vorantreibt.

14. Schiefgegangen

Dieses Kapitel fällt mir nicht leicht. Nachdem ich es bereits in Kapitel 1 gewagt hatte, mich als Vertreter eines Patentrezeptes für die Gemeindeentwicklung zu outen, war zu befürchten, dass das schiefgehen könnte. Jetzt muss ich ehrlicherweise zugeben, dass ich es selbst nicht schaffe, meine Gemeinde im schönen österreichischen Ennstal gemäß den fünf biblischen Aufträgen zu entwickeln.

In diesem Kapitel versuche ich dieses Scheitern zu analysieren und zu verarbeiten. Komischerweise hat dieses Scheitern meine Überzeugung von der Qualität einer auftragsgemäßen Gemeindeentwicklung nie erschüttert. Im Gegenteil, je mehr mir seine Installation selbst nicht gelang, desto gewisser wurde ich seiner Wirksamkeit, und hatte immer das Gefühl, dass die zahlreichen Schwierigkeiten bei der Etablierung dieses Programmes durch die Etablierung eben dieses Programmes hätten behoben werden können. Jetzt stehe ich kurz vor der Pensionierung und träume davon, vielleicht im Ruhestand an der Verwirklichung dessen mitwirken zu können, woran ich schon so lange gearbeitet habe.

Warum bin ich gescheitert? Die Gründe, die bei jedem Scheitern einer Gemeindeentwicklung eine Rolle spielen, treffen natürlich auch hier zu: Zu forsch, zu schnell, zu hart, zu einsam vorgegangen. Zu einem guten Teil bin ich also selbst schuld.

Aber die eigentlichen Ursachen liegen auch noch tiefer. Warrens Konzept ist zu schön, um wahr zu sein. Er passt mit seiner Stringenz und Folgerichtigkeit nicht in unsere postmoderne Zeit mit ihrer Multioptionalität, aus vielen Möglichkeiten, auswählen zu können. Heutzutage sind Konzepte, die als Rezepte daherkommen, von vornherein verdächtig. Sie sind zu fertig und nicht offen genug. Gewusst wie, geht gar nicht. Das Experiment hat die Strategie abgelöst. Probanden für ein befristetes Projekt zu finden, ist auch viel einfacher, als Mitarbeitende für ein permanent rollierendes Konzept[68] zu gewinnen. Und als Mitarbeitende sind wir eben immer wieder Kinder unserer Zeit. Das Evangelium schafft es weithin nicht mehr, unsere postmoderne Beeinflussung aufzubrechen. Das wird vom Evangelium auch gar nicht mehr erwartet. Ein Grund dafür ist die bereits erwähnte Predigtnot,[69] die als kopflastige Vortragstätigkeit immer weniger berührt, bewegt und wirkliche Lebensveränderung bewirkt. Reihenweise finden sich dann in unseren Gemeinden säkularisierte Christen, die sich als Individualisten die Gemeinde Gottes überhaupt nicht mehr als Licht- und Salz- Kontrastgesellschaft vorstellen können,[70] die als „Sauerteig" den ganzen Teig „durchsäuert"[71] und darum stärker ist nicht nur als alle gesellschaftlichen Trends sondern auch als alle persönlichen Prägungen oder soziologischen Milieus. Der Missionstheologe Lesslie Newbigin hat noch gefragt, worin die befreiende Kraft des Evangeliums für die gegenwärtige Kultur besteht.[72] Heute ist nur noch von Interesse, welche Anknüpfungspunkte die gegenwärtige Kultur mit ihren unterschiedlichen Milieus für das Evangelium bietet. Die Fragestellung ist umgekehrt. Ausgangspunkt ist nicht mehr das Evangelium sondern der Mensch mit seinen Andockstellen. An die Stelle der Transformation, der Umwandlung durch das Evangelium ist die Akkommodation, die Anpassung des Evangeliums an mo-

---

[68] Vgl. S. 13
[69] Siehe Kap. 11 S. 79ff
[70] Vgl. Mt. 5,13-16
[71] Vgl. Mt. 13,33
[72] L. Newbigin: Den Griechen ein Grieche, Neukirchen - Vluyn 1985
Ders.: Salz der Erde, Neukirchen-Vluyn 1985

derne Möglichkeiten, es zu transportieren und zu kommunizieren getreten. Newbigin verstand unter Inkulturation des Evangeliums noch die Durchdringung der Kultur mit dem Evangelium. Heute ist man schon zufrieden, wenn das Evangelium überhaupt einen Platz am Markt der religiösen Möglichkeiten ergattert, um mitspielen und mit den anderen Playern dort konkurrieren zu dürfen.

Eine auftragsgemäße Gemeindeentwicklung prallt mit der Kompaktheit ihrer unlösbar zusammenhängenden Schritte hart auf die heutige Fragmentierung und Segmentierung aller Lebensbezüge, die auch vor unseren Gemeinden nicht haltmacht.

Bei dieser ungünstigen geistigen Wetterlage tut sich ein Programm mit einem Prototyp und einem klar umrissenen Auftrag natürlich schwer, vor allem wenn in seinem Zentrum die Umgestaltung des Menschen in der Nachfolge Jesu steht. Denn auch Jüngerschaft wird heute weithin nur mehr als Weg zur Verbesserung der Lebensqualität und als Hilfe zur Lebensbewältigung aufgefasst, ist also nur von Belang, wenn man was davon hat. Jesus das Kreuz nachzutragen und das Leben zu gewinnen im Widerfahrnis, es unter Absehung von sich selbst und in der Hinwendung zum Nächsten zu verlieren, haben immer weniger Glaubende noch auf ihrem Schirm. Rick Warren muss das kommen gesehen haben und hat darum seiner „Kirche mit Vision" folgen lassen den Bestseller „Leben mit Vision"[73], in dem die göttliche Zweckbestimmung der Kirche auf die göttliche Zweckbestimmung des Menschen zurückgeführt wird. Dass trotzdem so wenig Gemeinden entwickelt werden, die den fünfgliedrigen Auftrag Gottes leben als Glaubende, die eben diese Bestimmung auch persönlich angenommen haben, hat offenbar auch damit zu tun, dass

---

[73] R. Warren: Leben mit Vision, Asslar 2003

postmoderne Denk- und Lebensweise mittlerweile auch in die sogenannte Kerngemeinde eingedrungen ist.

Die dort versammelten Mitarbeitenden sind willig, fähig, eifrig, lässig, aber sie sind oft nicht verfügbar. Für ein Projekt sind sie zu begeistern und vielleicht für noch eins. Aber dann brauchen sie erst einmal eine Pause, um an sich selbst zu denken. Bei Terminabsprachen erklären sie keck: „Da kann ich nicht, da habe ich ein Golfturnier. Aber es wird ja wohl auch einmal ohne mich gehen." Oder: „Ich komme später, aber fangt ruhig schon einmal ohne mich an:" Schier undenkbar ist es geworden, dass sich jemand etwa so anbietet: „Die Antwort ist ja! Was ist die Frage, die Aufgabe, das Datum?" Natürlich muss es möglich sein, auch mal zu fehlen. Und rund um die Uhr muss niemand verfügbar sein. Aber wenn heute bei Mitarbeiterbesprechungen nur noch zugesagt wird, was einem auch in den Kram passt, und wenn die normale Verfügbarkeit vieler Mitarbeitenden erst einmal die Unverfügbarkeit ist, dann wird Gemeindeentwicklung sehr mühsam. Da muss man dann schon froh sein, wenn trotz anderer Verpflichtungen eine aktuelle Mitarbeit nicht gleich abgesagt wird: „Ich muss noch mal schauen," heißt es dann vielsagend. Aber auf solche Radio-Eriwan-Teammitglieder, die ohne verbindliche Einbindung wie Gespenster in der Gemeinde herumgeistern und durch Besprechungen huschen, ist kein Verlass. Im Prinzip sind sie zu ihrem Beitrag ja bereit, aber im konkreten Fall sind sie dann doch verhindert. Sie identifizieren und verwechseln Dienstbereitschaft mit Bereitschaftsdienst. Mal sind sie da, mal nicht. Sie sind Mitarbeitende am Ende ohne Mitarbeit. Und Mitarbeit ohne Mitarbeit ist für sie nicht etwa ein Unding, sondern sogar eine ernsthafte Option jedenfalls zwischendurch. Manchmal entwickeln diese Gespenster sich zu regelrechten christlichen Atheisten, die zwar an Gott glauben, ihn aber eigentlich nicht kennen, weil sie nicht für ihn brennen, ihm auch nicht folgen und ihn schon gleich gar nicht fürchten. Ihre Liebe zu Christus ist platonisch. Eine Beziehung zu ihm ist zwar vorhanden, aber nicht zu seinem Leib, der sich eben nicht nur zeitweise, sondern ununterbrochen in seiner Gemeinde verkörpert.

Unverfügbarkeit verhindert Wirksamkeit. Mitarbeitende, die immer dann fehlen, wenn man sie braucht, erschweren Kontinuität in der Gemeindeentwicklung. Mit ihrem phasischen Engagement bringen sie die Treuen aus dem Tritt und machen ihnen das Gemeindeleben schwer. Manche Mitarbeitende, die von der Unverfügbarkeit des Wirkens Gottes keck die eigene Unverfügbarkeit ableiten, lassen einen ganz schnell alt aussehen und allein dastehen.

Ich bin also im Kampf gegen kirchlichen Schief- und Wackelbau an mehreren unterschiedlichen Herausforderungen gescheitert. Aber noch ist ja nicht aller Tage Abend! Den Prototyp Kirche gibt es für einen Neustart ja trotzdem noch.

15. Was jetzt?

Die Beschäftigung mit dem Prototyp Kirche in diesem Buch als außerordentlichem Teil der biblischen Protologie, der Lehre von den Anfängen oder den „ersten" Dingen führt zum Schluss zu der Frage nach seiner Bedeutung für die biblische Eschatologie, für die Lehre von den letzten Dingen. Was ist die Zukunft der Kirche? Die Bibel sagt: Der wiederkommende Christus wird seine Gemeinde wie ein Bräutigam seine Braut zu einem großen Hochzeitsfest heimholen in die Ewigkeit.[74] Und dann wird ewig gefeiert Anbetungsgottesdienst als Party und Party als Anbetungsgottesdienst. Bis es so weit ist, bitte ich den auferstandenen Christus, den Spezialisten für Auferstehung, um Auferstehung, um Erweckung *meiner* Glieder und meiner *Gemeindeglieder*. Ich lasse mich inspirieren von der Vision des alttestamentlichen Propheten Hesekiel.[75] Der hatte *eine Begegnung mit Totengebeinen.*

---

[74] Mt. 25,1-13 Offb. 21,1-7
[75] Hesekiel 37,1-14: „Des Herrn Hand kam über mich
und er führte mich hinaus im Geist des Herrn
und stellte mich mitten auf ein weites Feld;
das lag voller Totengebeine. Und er führte mich überall hindurch.
Und siehe, es lagen sehr viele Gebeine über das Feld hin,
und siehe, sie waren ganz verdorrt.
Und er sprach zu mir: Du Menschenkind, meinst du wohl,
dass diese Gebeine wieder lebendig werden?
Und ich sprach: Herr, mein Gott, du weißt es. Und er sprach zu mir:
Weissage über diese Gebeine
und sprich zu ihnen: Ihr verdorrten Gebeine, höret des Herrn Wort!
So spricht Gott der Herr zu diesen Gebeinen:
Siehe, ich will Odem in euch bringen,
dass ihr wieder lebendig werdet. Ich will euch Sehnen geben
und lasse Fleisch über euch wachsen und überziehe euch mit Haut
und will euch Odem geben, dass ihr wieder lebendig werdet;
und ihr sollt erfahren, dass ich der Herr bin.
Und ich weissagte, wie mir befohlen war.
Und siehe, da rauschte es, als ich weissagte, und siehe, es regte sich,

Einen riesigen Sarg hätte er dafür gebraucht. Zunächst sah auch er nur, dass alles abgestorben war. Es hat buchstäblich geklappert, als er über Berge von Totenköpfen und Knochen der „killing fields"[76] seiner Zeit stolperte. Bei diesem Anblick mögen ihm in den Sinn gekommen sein die mancherlei in Luft aufgelösten Pläne, zerplatzten Träume, zerschlagenen Hoffnungen, zerbrochenen Beziehungen, frustrierenden Enttäuschungen und erloschenen Kräfte im Volk Gottes, das in die babylonische Gefangenschaft geraten war. Aber dann erlebte er plötzlich *die Bewegung der Totengebeine.* Sie kam nicht aus ihnen selbst und auch nicht vom Propheten, dessen

---

und die Gebeine rückten zusammen, Gebein zu Gebein.
Und ich sah, und siehe,
es wuchsen Sehnen und Fleisch darauf,
und sie wurden mit Haut überzogen;
es war aber noch kein Odem in ihnen. Und er sprach zu mir:
Weissage zum Odem; weissage, du Menschenkind,
und sprich zum Odem: So spricht Gott der Herr:
Odem, komm herzu von den vier Winden
und blase diese Getöteten an, dass sie wieder lebendig werden!
Und ich weissagte, wie er mir befohlen hatte.
Da kam der Odem in sie und sie wurden wieder lebendig
und stellten sich auf ihre Füße, ein überaus großes Heer.
Und er sprach zu mir: Du Menschenkind,
diese Gebeine sind das ganze Haus Israel.
Siehe, jetzt sprechen sie: Unsere Gebeine sind verdorrt
und unsere Hoffnung ist verloren und es ist aus mit uns.
Darum weissage und sprich zu ihnen: So spricht Gott der Herr:
Siehe, ich will eure Gräber auftun und hole euch,
mein Volk, aus euren Gräbern herauf und bringe euch ins Land Israels.
Und ihr sollt erfahren, dass ich der Herr bin,
wenn ich eure Gräber öffne und euch, mein Volk,
aus euren Gräbern heraufhole.
Und ich will meinen Odem in euch geben,
dass ihr wieder leben sollt, und will euch in euer Land setzen,
und ihr sollt erfahren, dass ich der Herr bin.
Ich rede es und tue es auch, spricht der Herr."
[76] Die englische Bezeichnung für „tödliche Felder" stammt aus dem gleichnamigen Film über den Völkermord in Kambodscha

Glaube viel zu schwach war. Sie kam von oben, von Gott und von außen, aus seinem wirkmächtigen Wort, das geschieht, wenn er es spricht, und das dasteht, wenn er es gebietet. Und so begann es zu rauschen und sich zu regen im Totenfeld. Und trotzdem war diese Erweckung nur der Anfang. Die Gebeine rückten zwar zusammen, und es wuchsen Sehnen und Fleisch darauf mit Haut überzogen, aber „es war noch kein Odem in ihnen.“[77] Berührt sein, ist noch nicht belebt und beseelt sein. Darum erlebt Hesekiel jetzt noch *die Belebung der Totengebeine.* Der im Namen Gottes herbeigerufene Atem und Geist Gottes erweckt die Totengebeine vom Tod und macht ihnen Beine. Wir erkennen jetzt mit dem Propheten für uns und unsere Gemeinden: Es ist nicht aus, selbst wenn es aus ist. Wenn Gott uns beatmet, werden wir wieder lebendig, machen wir Pläne nach dem Plan Gottes, haben wir Träume als Vision Gottes, Hoffnung als Blick durch den Horizont, entwickeln wir brennende Leidenschaft und wirksames Engagement. Denn der Heilige Geist als Pfingstgeist ist die Osterkraft und Auferstehungskraft, die immer zur Verfügung steht: „Gott gebe euch erleuchtete Augen des Herzens, damit ihr erkennt, zu welcher Hoffnung ihr von ihm berufen seid, wie reich die Herrlichkeit seines Erbes für die Heiligen ist, und wie überschwänglich groß seine Kraft an uns, die wir glauben, weil die Macht seiner Stärke bei uns wirksam wurde, mit der er in Christus gewirkt hat. Durch sie hat er ihn von den Toten auferweckt und eingesetzt zu seiner Rechten im Himmel.“[78]

---

[77] Hes. 37,8
[78] Eph. 1,18-20

Was hast du als Mitte des Lebens? Worum dreht sich alles bei dir?
Erst dann lebst du nicht nur vergebens,
wenn klar ist: Warum bist du hier?
Wem willst du vor allem gefallen? Wofür setzt du dich ganz ein?
Ganz sicher gefällst du nicht allen,
und für alles kannst du nicht sein.
Doch geht es allein nur um dich,
hat dein Leben kein größeres Ziel,
im Kreis herum dreht es sich, Bedeutung hat es nicht sehr viel.
Zerfließt, vergeht und zerfällt, weil niemand es trägt und erhält.
Geschaffen, um Gott zu gehören.
Ihn anbeten und sich um ihn drehen.
Ihm gefallen, sich an ihm freuen, ihn lieben, ihn ehren,
das gibt Stärke, im Leben zu bestehen.

Was hast du als Lebensgemeinschaft?
Wo bist du verbindlich dabei?
Nur dann kriegst du und gibst du auch Kraft,
bist für Gottes Familie du frei.
Wie sehr fehlt dir ihr Zusammenkommen,
weil undenkbar ist, dass es ausfällt?
Bist du wo so hineingenommen,
dass ein Kreis dich dort auffängt und hält?
Willst ein Schaf ohne Herde du sein,
ein Soldat ohne Truppengeleit,
ohne Mannschaft ein Spieler allein, verwaist ohne Zugehörigkeit?
Ganz einsam, nie richtig geschätzt,
weil nicht richtig mit anderen vernetzt?
Geschaffen für Gottes Gemeinde, Familie, die ewig besteht.
Für einander herzlich da sein, sich begleiten als Freunde,
das gibt Wärme, die andere einlädt.

Was ist deines Lebens Kennzeichen?
Was stellt man zuerst bei dir fest?
Wem willst du dem Wesen nach gleichen,
so dass du dich verändern lässt?
Wem folgst du, wer geht dir voran?
Welcher Stimme schenkst du Gehör?
Was alles dich prägen kann, das verwirrt dich manchmal sehr
An manches hast du dich gewöhnt, bist vielfach auch festgelegt,
doch nicht mit dir selber versöhnt, nicht wirklich vorwärts bewegt,

je nachdem mal zu weich mal zu hart, festgehalten von alter Unart.
Geschaffen, dir einzuverleiben
den Charakter von Jesus immer mehr.
Als sein Jünger ihm nachfolgen und in seiner Spur bleiben,
das gibt Tiefe und ist gar nicht so schwer.

Welchen Beitrag leistet dein Leben?
Wofür setzt du dein Talent ein?
Welchem Dienst willst du dich hingeben?
Was kann Lebensaufgabe dir sein?
Welcher Einsatz ist wirklich wichtig?
Einer der dich nicht nur herumtreibt.
Nur dann engagierst du dich richtig,
wenn du tust, was am Ende auch bleibt.
Mit so vielen Fähigkeiten in der Mitarbeiterschaft stehen
und andere hilfreich begleiten, auf ihr Bedürfnis eingehen.
Was kann erfüllender sein als Kraft investieren da hinein.
Geschaffen, um dich einzubringen
aktiv in den Auftrag des Herrn.
Gottes Werk vorantreiben zu den Nöten vordringen,
das gibt Weite. Den Dienst tust du gern.

Welche Aussage macht wohl dein Leben?
Wovon zeugt es, wofür tritt es ein?
Welche Botschaft willst du weitergeben,
wird von dir was zu erzählen sein?
Welches Thema gibst du zu bedenken,
das ein gutes Gespräch veranlasst?
Nur dann wird man dir Gehör schenken,
wenn du etwas zu sagen hast.
Gott hat seine Botschaft gegeben. Nicht nur du bist damit gemeint.
Die Botschaft vom ewigen Leben
durch dich ja für andere aufscheint.
Wenn dich jemand danach befragt,
was kriegt er von dir dann gesagt?
Geschaffen, um die zu gewinnen,
die ohne Gott sonst verloren gehen,
damit sie auch dem Evangelium zu glauben beginnen,
das gibt Größe: Für Jesus einstehen.

Liedtext von Andreas Gripentrog

Literaturverzeichnis:

Die Bibel: Nach der Übersetzung Martin Luthers,
Stuttgart 1985
Die gute Nachricht Die Bibel in heutigem Deutsch,
Stuttgart 2000
Bittner W. J.: Kirche wo bist du? Zürich 1993
Ders.: Betreuungskirche- oder Beteiligungskirche?
Zum notwendigen Gestaltwandel unserer Kirchen in einer
veränderten Zeit, in: Theologische Beiträge 1995.6
Haan 1995
Bohren R.: Predigtlehre, München 1980
Bonhoeffer D.: Gemeinsames Leben, München 1939
Douglass K.: Die neue Reformation 96 Thesen
zur Zukunft der Kirche, Stuttgart 2001
Eickhoff K.: Gemeinde entwickeln, Göttingen 1992
Ders: Die Predigt beurteilen, Wuppertal 1998
Ders.: Harmlos Kraftlos Ziellos Die Krise der Predigt -
und wie wir sie überwinden, Witten 2009
Engel G.: Editorial in idea Spezial 5.2019 Wetzlar 2019
Groeschel C.: Unwiderstehlich:
Das Geheimnis anziehender Gemeinden, Witten 2010
Herbst M.: Mit Vollmacht predigen,
in: Theologische Beiträge 98-3 Wuppertal 1998
Lehmann Th.: Freiheit wird dann sein,
Neukirchen-Vluyn 2005
Lehnert V. A.: Kein Blatt vor'm Mund,
Neukirchen-Vluyn 2010
Malik F.: Führen, leisten, leben, wirksames Management
für eine neue Zeit, Frankfurt/Main 2006
Melanchthon Ph.: Confessio Augustana,
Evangelisches Gesangbuch, Wien 1994
Newbigin L.: Den Griechen ein Grieche,
Neukirchen-Vluyn 1985
Ders.: Salz der Erde, Neukirchen-Vluyn 1985
Schleiermacher F.: Kurze Darstellung des theologischen
Studiums zum Behuf einleitender Vorlesungen 1830[2]

in H. Bolli: Schleiermacher Auswahl,
München Hamburg 1968
Ders: Der christliche Glaube nach den Grundsätzen der
evangelischen Kirche im Zusammenhange dargestellt, Ber-
lin 1830/31² neu herausgegeben von M. Redeker,
Berlin 1960
Schwarz F. Sudbrack R.: Überschaubare Gemeinde 2
Die Praxis, Gladbeck 1980
Sorg Th.: Evangelischer Gottesdienst zwischen Erneuern
und Bewahren, in: Theologische Beiträge 84-1
Wuppertal 1984
R. Warren: Kirche mit Vision Gemeinde, die den Auftrag
Gottes lebt, Asslar 1998
R. Warren: Leben mit Vision, Asslar 2003

Fotos der Moritzkirche in Augsburg: A. Gripentrog